史蒂芬孙

George
Stephenson

史蒂芬孙

George Stephenson

 皮波人物国际名人研究中心 编著

国际文化出版公司

·北京·

图书在版编目（CIP）数据

史蒂芬孙 / 皮波人物国际名人研究中心编著. --北京：
国际文化出版公司，2013.12（2024.2重印）
（名人传记丛书）
ISBN 978-7-5125-0601-5

Ⅰ.①史…　Ⅱ.①皮…　Ⅲ.①史蒂芬孙，G.
（1781～1848）—传记　Ⅳ.①K835.616.16

中国版本图书馆CIP数据核字（2013）第262328号

史蒂芬孙

作　　者	皮波人物国际名人研究中心　编著	
责任编辑	郑湫璐	
统筹监制	葛宏峰　刘　毅　刘露芳	
策划编辑	徐　峰	
美术编辑	丁鍏煜	
出版发行	国际文化出版公司	
经　　销	国文润华文化传媒（北京）有限责任公司	
印　　刷	北京一鑫印务有限责任公司	
开　　本	700毫米×1000毫米　　16开	
	8印张　　　　　　　　75千字	
版　　次	2013年12月第1版	
	2024年2月第3次印刷	
书　　号	ISBN 978-7-5125-0601-5	
定　　价	30.00元	

国际文化出版公司
北京市朝阳区东土城路乙9号　　　　邮编：100013
总编室：（010）64270995　　　传真：（010）64270995
销售热线：（010）64271187
传真：（010）64271187-800
E-mail：icpc@95777.sina.net

目录

目录

年少时期

独立的乔治

　　乔治·史蒂芬孙是英国著名的工程师，铁路机车的发明者。

　　史蒂芬孙一生致力于蒸汽机车的研究，进一步改进了机车制造技术，解决了铁路建设、桥梁设计等方面的许多问题，在铁路发展方面创造了不可磨灭的功绩。

　　乔治·史蒂芬孙于 1781 年 6 月 9 日出生在英国北部泰恩河畔诺森伯兰地区的华勒姆村。

　　这一年的时局相当复杂。英国国内的保守党政府政权摇摇欲坠，国外的印度、西印度群岛及北美则危机四伏。不久后，英国康沃利斯将军在约克镇投降，美国的独立战争接近尾声。英王乔治三世不相信美

史蒂芬孙

国能独立，他坚信远在美国的子民一定会重新返回祖国的怀抱，因此他不把这些事情放在心上。

华勒姆村村民对国家的外交事务不感兴趣，他们最关心的是如何经营与自己生活息息相关的矿场。

从莎士比亚时代开始，诺森伯兰的煤矿已经开采了几个世纪。随着工业革命的到来，煤的需求量和生产量都在迅猛增长。

19 世纪初期，蒸汽机技术已经应用到每个矿场。蒸汽泵能排出矿井内的废水，以蒸汽为动力的起重绞盘能控制矿井人员及器材的出入，这些大大促进了煤业发展。诺森伯兰的煤矿不但供应当地所需的热力与动力，也通过港口运往伦敦。

此时，煤对国家相当重要，但是，煤矿工人却处于社会最底层，矿主全权管制着他们的生活和工作。在这里，年龄大的矿工很快便会被年轻人取代，成千上万的农业劳工蜂拥至工业区。

乔治的父亲罗伯特·史蒂芬孙也是矿上的一名工人，他的工作是在蒸汽机房里烧锅炉，接受另一名火工工头的指挥，薪水微薄。

他的母亲梅布尔是当地一个染织工的女儿，和他父亲一样，没读过书，在他们的结婚证书上，两人都画十字代替签名。夫妻俩都纤瘦无比，罗伯特瘦骨嶙峋，梅布尔也弱不禁风。罗伯特·史蒂芬孙有四个儿子、两个女儿，乔治·史蒂芬孙在家中排行老二，是家中最强健、最结实的孩子。

工业革命改变了乡村的面貌。工业化的来临使城市有很大变化，却使其邻近的乡村在一夜之间变得冷清而荒凉，因为绝大部分的工业劳动力来自农村。当时全英国的人口不过1000万，却有超过半数的人口从事工业。

在这新兴的工业社会中，旧的封建制度仍然存在，矿场和工厂取代了城堡巨宅成为权力中心。劳工必须依赖矿主的房舍和酒馆、教堂、商店为生。当一所矿场被挖空，矿主们另觅新矿之时，全体劳工便要随着迁徙。好在诺森伯兰一带的矿藏十分丰富，史蒂芬孙一家虽然数次变更工作地点，但始终住在华勒姆村。

史蒂芬孙一家十分贫穷，没有一个孩子上过学。乔治·史蒂芬孙是家中较大的男孩，必须要帮助父母照料弟弟和妹妹，因为运煤车的木轨正好经过他家门前，他必须随时留心弟妹们的安全。

乔治·史蒂芬孙的第一份工作是替一位年老的寡妇看守几头乳牛，以免运煤车将它们轧死，每天工钱两便士。载满煤的煤车由马拖着在木轨上行驶，从矿场拖到码头装运，由轮船运往伦敦。因为乔治的父亲也在这里工作，乔治便在各个矿场做些零工，他从10岁时开始工作，曾经做过剔渣工，将石块和杂物从煤中剔去，直到 14 岁他才被当作一个成年人被雇用，做父亲的助理，每天能挣一先令。

乔治决心和父亲一起操作泵压引擎，他经常在矿场利用空余时间用泥土制作各式引擎和其他动力机器的模型。

受到父亲的影响，乔治很热爱乡郊的自然生活，十分喜爱到没有被矿场破坏的辽阔田野和茂密森林中游玩。不过，游玩中各种限制的因素很多，一不小心就会触犯法律，即使不被绞死，也会被流放。

18 岁开始学习

乔治 8 岁时，法国大革命爆发，随后的拿破仑与反法同盟时代是乔治长大成人的重要时期。乔治和他的三个弟弟整天都和父亲在矿场工作，赚一些额外的收入。由于战争的影响，物价上涨，国内的叛乱事件也不断发生，人民生活在水深火热之中。

乔治的工作并不繁重，工作之余他把时间都用来研究泵机，他把那些机件拆了又装，装了又拆。不久，他和父亲工作的矿井停工了，他便独自到别家矿场工作。直到 17 岁那年，他才再次与父亲在同一个矿场工作。这一次，乔治已经当了工头。

乔治不仅热衷于泵机的研究，对矿场中其他机械也极感兴趣。他在 17 岁时学到的东西，已经比父亲掌握的多得多，但他并不满足于当一个火工工头。这时候，乔治的工作能力已经超越了他的父亲。

乔治常常被人请去修理其他机器，例如极重要的也是最难操作的一种控制竖井升降的绞盘机。操作人员必须十分巧妙地在正确位置刹车，才能使升降厢中的人感觉不到冲撞。有一次，乔治要求试着操作绞盘机，原操作员很不屑，认为他缺乏此项操作的专业训练，不能担负这个重任。为此，乔治请来总管和许多工人旁观，证明他能把这个工作做得很好。果然，乔治出色地完成了操作。没过多久，他就正式升为绞盘机操作工。

1801 年，乔治在一个矿场当绞盘机操作工时，有一个名叫纳尔逊的矿工批评乔治操作欠佳，向他提出挑战。乔治的身体从小就很结实，他自然不甘示弱。旁观者都认为乔治不应该和年龄比他大很多的纳尔逊决斗，然而乔治却轻而易举地将纳尔逊擒服，赢得了一次胜利。

乔治少年当矿工的时候还有很多趣事。每一个故事都能反映出他的勇敢和不屈不挠的性格。乔治身上机械工程师的天赋都可从这些故事中看出端倪。纳尔逊事件，只不过是许多故事中的一个而已。

17 岁时，乔治仍然不识字。此时他已经是一个大人，每周能够挣一英镑了，是当时那些没有经过正式机械训练的工人中薪资最高的一个。

他深知自己如果要想继续在工作上有所发展，必须读书识字才行，他希望能像其他设计、制造机器的工程师一样，例如尼古拉斯·伍德。尼古拉斯·伍德是一个年轻、喜爱钻研机械的合格工程师，他有机会进学校研习工程技术并到矿场实习。伍德告诉乔治说："所有的知识，书本上都有记载。"

为了读书识字，乔治开始在附近一间夜校读书，每周三个晚上，学费是三便士。每当工作之余，他便在石板上不断地练习他新学来的生字。一位同乡的农民也很热心地教导他。乔治19岁时，已经能够拼写自己的名字了。

不过，读书并不是一件容易的事，直到二十一二岁的时候，乔治才知道读书的基本技巧。在乔治早期的生活中，他经常雇用或拜托别人替他写信或读书给他听。他曾雇了几个男孩替他传送写满了作业的石板给老师，希望老师加以修改。可见，乔治对学习有着很强烈的欲望。

婚后的生活

正当乔治为了成为一个工程师努力学习读写技能的时候，他开始谈恋爱了。

乔治开始与一位出身农家的女孩伊丽莎白·海德玛来往。他们在伊丽莎白父亲的花圃中私会，乔治很爱她，但伊丽莎白的家人反对他们在一起，伊丽莎白的父亲不愿将女儿嫁给一个穷矿工，更不愿意资助这个穷矿工学习。海德玛家不顾伊丽莎白的意愿，强烈地阻止这桩婚事。

乔治对这件事感到万分沮丧，只得转移目标。乔治很快便开始和另一位农家女孩来往，她叫芬妮·亨德森，她是乔治寄宿的农家的佣人，她在这个农庄做佣人已经有10年了，历经了两任庄主。庄主给芬妮的赞赏书上记载着："芬妮·亨德森，端庄冷静，出身于家教良好的家庭……"几年前她曾和当地一个小学校长订婚，但这位校长不幸去世了，村民都猜想这位当时已经26岁的女孩绝对没有再谈婚论嫁的机会了。当年轻的乔治向她求婚时，她非常高兴，他们于1802

年 11 月 28 日在纽伯恩教堂结婚，庄主为他们证婚并将农庄后院借给他们宴请宾客。

纽伯恩教堂是一座漂亮的罗马式建筑，是当地一个信徒众多的聚会中心。乔治的婚礼由教区助理牧师主持，牧师和助理牧师都在结婚证书上签字。因为当时乔治刚学会写自己的名字，所以他的签字有些扭扭歪歪，像儿童的字迹。

婚后不久，他们搬到了威灵顿码头区，这个码头在纽卡斯尔的东边。乔治在这里的一个矿场担任新绞盘机的操作员。乔治与芬妮的新家只有一间房，芬妮用她的积蓄置办了一些家具，还将新房布置得相当温馨。

1803 年 10 月 16 日，他们的儿子罗伯特降生了。这个孩子有着和他祖父一样的名字——罗伯特。当时，大家都认为芬妮年龄过大不宜生产，她生下罗伯特之后确实也病了很长时间。

矿工不断地迁入码头区，居住的房屋本就不够，只好将现有的房屋一再分隔，大家挤在一起生活。乔治回想起当初在华勒姆住的时候，情形也不见得比现在好。

那时史蒂芬孙一家八口是挤在两间房内，屋子的墙壁没有经过粉刷，地面全是泥土。乔治现在收入渐丰，很快他便将房屋扩充到三间大房，但他仍很节省，绝不浪费。乔治还在工作之余制作皮鞋，替矿工们修钟表。当时矿工中拥有钟表的人很少，而钟表对工人们换班来说却相当重要。

与当时的工人一样，乔治经常饮酒。事实上，19世纪初期，人们常以酒来逃避现实。工业区贫民窟的各处都是酒馆。工人们一天工作12小时甚至16小时，每周工作6天。除了圣诞节和耶稣受难日外，一年之中很少有假期。人们害怕面包涨价，却又不敢罢工向矿主、厂主要求增加工资。人们唯一的解脱办法，就是借着低廉的酒来消愁。

当然，乔治不会酗酒，他一定会让自己的头脑保持在清醒状态。他要研究引擎、制作皮鞋、修理钟表和做功课。当大多数矿工都把空余时间花在饮酒、斗鸡、赌马上的时候，乔治却醉心于新奇的科学研究，尤其是对一些新的发明和技术，他都尽力去探究和掌握。

当时，世界上最著名的发明之一便是运河。自从1761年布里奇沃特公爵的运河开通后，曼彻斯特的煤价降低了一半，从那时开始，挖筑运河之风盛行。到1815年为止，英国境内运河全长已达2600公里，绝大多数运河都是由爱尔兰工人挖掘的。这些运河内可以航行船只，人们称这些驾船人为陆上行舟人，那些挖筑运河的人叫粗工。开凿运河的时候，人们围着观看，都惊叹人类的智慧。

同时，工程师们也在极大地改善公路建筑。报纸大篇幅报道新筑成的收费公路上高速行驶的快车。1754年，从曼彻斯特到伦敦要四天半的时间，到1788年减为28小时，不过，车费却贵得吓人，不是一般人能负担得起的。

在威灵顿，当时最新的设备是矿工们利用固定装置的蒸汽机运送煤矿。蒸汽机靠着山脚装定，带动绳索，拖拉煤车沿着轨道上山，如果下山的话就让它自行利用重力滚回去。不过在平地上运煤，还是需要马匹拖拉。

威灵顿装载了一部这样的装置，是泰恩河地区有名的机械制作人霍桑制造的。霍桑很器重乔治，曾介绍乔治担任工头。另一位受过很好教育的工程师尼古拉斯·伍德，也给了乔治很大的帮助。

但是，乔治对他们的为人都不太赞赏，他认为他的成就都是自己奋斗、钻研出来的，而霍桑有些嫉妒他。因为霍桑当时是乔治的上司，所以乔治只好小心谨慎，不能与他争辩。

1804年，乔治迁到纽卡斯尔北方的基林沃恩矿场，仍旧担任绞盘机操作员。芬妮的身体开始恢复，在这里她又产下一个女儿，起名小芬妮，但是，不到三周，小芬妮便夭折了。生产使芬妮的身体再度转坏。她终因身体极度虚弱而病逝，离开了丈夫和2岁的罗伯特。

乔治从沉痛中走出来，尽力照顾孩子，他们相依为命，但不久他便独自步行北上去苏格兰蒙特罗斯矿场担任新型瓦特蒸汽机的操作手。乔治以后经常和朋友们谈起在基林沃恩的艰苦生活，但对苏格兰的这段生活却很少提及。

事实上，没有人知道乔治此行的真正动机，也许他是由于爱妻去世，身心交瘁，以致和泰恩河地区势力很大的老板霍桑争吵而失业，年轻气盛的乔治只有远行寻找工作，但不管怎么样，乔治对新工作、新经验永远都是不厌其烦、兴致勃勃的。

冲破困境

几个月后，乔治带着 28 英镑的存款回到了家中。他离开之时曾经将儿子罗伯特托付给一位女邻居抚养，回来时却发现那个邻居已经嫁人了，孩子也被带走了。这里的一切，早已经面目全非！

没办法，乔治只好搬回老家和未出嫁的妹妹一起住，并把孩子找回来托给妹妹照料。罗伯特从此便一直由乔治的妹妹抚养直至成人，他一直都称呼这位姑妈为蕾莉姑妈。

蕾莉比乔治小三岁，曾在爱情上受过打击。她以前在伦敦一个富人家里当佣人，后来她的男友写信说要娶她，等她花尽积蓄回到泰恩河地区的家里时，男友却娶了另一个女孩。

蕾莉是虔诚的教徒，常带着罗伯特去做礼拜，然而罗伯特对宗教却没有太大的兴趣。蕾莉个性乐观开朗，她时常带着罗伯特到乡间旅游。罗伯特的姨妈嫁给了一个颇为富有的农民，生活很宽裕。罗伯特每次去她家时，她都十分宠爱他，给他家里最好吃的和最好玩的。

史蒂芬孙的雕像

从苏格兰回来后，乔治得知他的父亲发生过一次意外。在一次修理蒸汽机时，一个工人不小心将蒸汽放出，乔治父亲的眼睛受到了伤害，视力受损，再也无法做工了。

这次意外发生后，他父亲负了不少债。乔治回到家，替他还清了债务，并将他与母亲接到基林沃恩和自己一同生活。乔治的积蓄很快就用光了。随后他又遇到了一件不如意的事，他被征入了民兵队。

不列颠帝国这时正与拿破仑作战，1808年，卡斯尔雷爵士下令每个城镇都要征调民兵，他打算组织一支20万兵力的军队。

海军当局强迫人民服兵役，有时甚至花钱收买；陆军则硬性向各乡镇摊派，如果被抽中，想要免去的唯一办法就是花钱请人代替。

这次征兵，乔治不幸被抽中，他用他的最后一点积蓄雇了一个人代替入伍。这无疑是他极艰难抑郁的时期，家庭遭遇变故，再加上在工程事业上的受阻。幸好，他幸运地恢复了在基林沃恩矿场的职位。这时的乔治还曾一度产生移居美洲的念头。他说:"因为缺少学历,在英格兰不会有人相信我是个工程师,我决心要去美洲。"

当时去美洲的人很多,他的姐姐安妮嫁给了约翰·尼克逊,不久后就去了美洲。由于资金原因,乔治去美洲发展的想法破灭,他只能在基林沃恩安定下来,事业逐渐向上推进。他对每一种机械的操作修理,均有特别的天赋和才能。附近的矿主、厂主和一群工商界领袖都对他的才华深表赞许。

有一家大矿场,装有一台新型而且价值昂贵的纽科门泵压机器,但是使用了一年之后,总是出毛病。这台机器将要停用报废时,矿场的总监杜德亲访乔治,请他修好机器。

乔治开出的条件很特别,他要自己选择一组修理人员。这些人的年龄都比乔治大,经验也比他丰富,他们感到十分不悦,但杜德却支持乔治。经过三个昼夜的彻底拆卸、清洗、重装,终于修好了这台机器。杜德给了乔治 10 英镑的奖金。

1812 年,乔治 32 岁,身居矿场机器制造师一职,掌管全场机器,年薪 100 英镑。他不但负责基林沃恩区的全部机器的管理,还兼管附近矿主、厂主组成的"大联盟"所辖其他各矿场的机器设备。同时,乔治也被允许随时参加其他矿区的机械工作,这让乔治的收入大大增加。

乔治特别注重儿子罗伯特的教育。乔治早就感到自己缺乏学校教育是事业上的严重阻碍，也正因为如此，他的性情变得有些狂妄和武断。他认为自己和受过教育的工程师们及做他上司的监工、老板们懂得的一样多，甚至更多，他的知识是从实践与错误中得来的。他讨厌那些炫耀学识的人，最让乔治生气的是，他们经常谈论一些他不知道的东西。他的狂傲中潜伏着自卑感，因此他希望从儿子身上得到补偿，他要送儿子进入最好的学校，让他受到最好的教育。同时，在儿子受教育的过程中，他自己也可以跟着学习。

罗伯特刚开始被送到距离基林沃恩不远的一所公立学校。罗伯特生来就比较孱弱，不过他有着坚强的意志。罗伯特 11 岁时，转学到纽卡斯尔的布鲁斯博士创办的私立学校。这所学校办得比任何一家中学都要出名。

开始时，罗伯特总是被同学们嘲笑，他们说他土头土脑，带着矿工的气息和诺森伯兰的口音。不过没过多久，罗伯特就变得文雅，与城里人没什么两样，并且与城市各阶层人士的子女们相处融洽。

去一趟纽卡斯尔，来回有 10 公里，乔治特意为罗伯特买了一辆驴车代步。罗伯特需要一辆驴车，其实也不光为了代步，他还有很多书需要装载。乔治和他一起学习化学、物理等基础科目。父子俩也合作做实验，他们制成一个日晷，装置在基林沃恩住宅大门的上方。

后来，乔治又付了 63 先令的年费让罗伯特参加纽卡斯尔区文理学会。父子二人研习更深奥的知识。有时，有些比较珍贵的书无法取回来，乔治便让罗伯特将内容抄录回来，尤其是书上的图解，也要谨慎地誊出一份。

　　文理学会有一位职员对年轻好学的罗伯特十分敬佩。他常热心帮助他取得书籍和仪器，供他们父子二人研读和学习。最后，乔治也鼓起勇气和罗伯特一起加入文理学会。

　　罗伯特经过多年系统的学校教育，已经能够独立进修了，但是乔治则不然，没有儿子的帮忙，他就无法理解那些理论。乔治自尊心太强，无法从其他成年人身上学到实用的理论知识，但是，他们这种亲密的父子关系，却使乔治不知不觉中接受了儿子罗伯特给他的教导。

　　乔治逐渐减少他在基林沃恩的时间，增加自由研究的工作。他设计了一些地下用的固定装置，这使得基林沃恩的矿主们和"大联盟"的厂主们能将所需骡马的数量由 100 匹减到 15 匹。

不断研究发明

乔治在家里不断研究发明一些其他不限于商业用途的机械。

他制作了一个发条操作的稻草人，让它在花园里飞来飞去，吓走了各种野鸟，当然也吓坏了邻居。他还发明了一种装置能拴住花园的门，除了自己能通过之外，其余的人都会被挡在外边。他还设计了一种由烟囱排烟带动的摇篮。他设计过一盏能在水底使用的灯，他曾在夜间用它在池塘中抓鱼。他曾醉心于发明一种永恒运转装置，这是很多机械师一直都想发明的，乔治和他们一样始终没能解决这一问题。后来，科学证实，所谓永动机不过是科学家们的幻想。

乔治在泰恩河地区已经成为了一位家喻户晓的人物。他是一位高级工程师，也是充满幻想的发明天才。他信心坚定，意志顽强，虽然有着各种奇怪的幻想和理论，但也是一个热心和乐观的实干家。

他在 16 年间，从一个小助理成了机械制造师，他现在拥有矿场分配给他的车马，他的住处已经扩展到四间大房，但他仍然和平时一样，不改工人本色。他并不因收入增加、职位升高而改变自己的生活状态。他仍然参加一些举重、掷铁球的运动，以此锻炼身体。

罗伯特毕业后，乔治将他安排在他的好朋友尼古拉斯·伍德那里当学徒，伍德虽然比乔治年轻，但此时已经成了基林沃恩区的总监工。当伍德第一次来到基林沃恩担任副监工的时候，他一眼就发现了乔治的才华，此后他俩密切合作，互相帮助。伍德受过专业的训练与教育，是科班出身的工程师。

对罗伯特来说，能在这样优秀的一个工程师领导下工作是很幸运的事情。罗伯特本人从小就表现出了和他父亲一样的发明才能，很显然他的发展和前途一片光明。有一次罗伯特在读过一篇关于避雷针的文章后，瞒着父亲乔治偷偷地做了一个实验。很幸运，房屋没有起火，只有一头驴被击伤。

1818 年，罗伯特 15 岁了，他刚做学徒不久，他的蕾莉姑妈就结了婚，然后离开了家。她显然是为了照顾罗伯特，才在他完成学业后离开的。蕾莉离开一年多之后，乔治再婚了，新娘是伊丽莎白·海德玛，就是以前遭家庭反对未能嫁给他的那位姑娘。

此时的乔治不再穷苦和平庸，现在是一个重要的机器制造师，年薪超过 200 英镑，有一所大房屋，有上千英镑的积蓄，泰恩河地区要与他合作的人很多，他有充分的选择机会。

像乔治这样新的机械师，已经成为当时工业革命中的精英，和其他同僚相比，他们获得的待遇较高，责任也重大，各矿场的矿主都对他们优秀的技能及知识表示尊崇，也赋予他们更多的自由。

1820 年乔治的第二次婚礼是回到纽伯恩教堂举行的，这次受到的礼遇也和以前大不相同。乔治这次在结婚证书上的签字也不再模糊不清了，他的签字矫健有力。他已经是一个成功的机器制造师，他为自己制造的机器申请了专利，从此不再是一个普通工人了。

制造蒸汽机车

发明蒸汽机车

1814年，乔治制造出他的第一部火车头，设计与前人的差不多，但是，凭着坚定的信念，没有受过学校教育的乔治能够奋起直追，这种精神实在值得赞扬。

乔治的火车头"布卢彻"于1814年7月25日在他住宅通往矿场的车道上试车，吸引了不少人前往参观。这部火车头，如今没有图籍可考，后来伍德描述："这部火车头有两个汽缸，锅炉长8尺，车轮有镶边，运行在平滑轨上，可以牵引8个车厢，载重3吨，速度每小时4公里。"

"布卢彻"由乔治的堂兄詹姆斯驾驶。他的堂兄一直协助他制造此车，他将固定引擎的一部分用堂兄的名字命名为"詹姆"。

乔治不断地改进这部火车头，增加它的动力，减少它的噪声，增设一个像烟囱的排烟管，这就是后来有名的排气管。乔治的这部蒸汽机车的改良还包括转轮上联杆的引用，这可以减少许多粗制的齿轮。这个系统是由他首创的。

随后乔治又做了两部经过改进的机车，也都命上新颖的名字，一部叫"威灵顿"，一部叫"我的上帝"。这并不表示乔治对宗教礼俗

史蒂芬孙发明的蒸汽机车

尊崇有加，相反地，他很少去教堂。

乔治和其他工程师不一样，他不忽视研究主机以外的辅助系统，同时他也研究如何改良路轨。虽然他的机车比一般的轻，速度也很快，但仍会压损路轨。他的雇主允许他每周有两天的时间花费在威廉·洛施的纽卡斯尔铁工厂研究改良路轨。他和洛施因而取得铸铁路轨的专利而将基林沃恩的运输轨道予以重建。

洛施是一位极有教养的绅士，也是德国著名的自然科学家兼探险家亨博的朋友，亨博被很多英国学者所拥戴。现在乔治在他的铁工厂每周工作两天，他付给乔治每年100英镑的酬劳，这和他在"大联盟"工作的酬劳一样高，同时"大联盟"也没有因为乔治少在"大联盟"工作了两天而扣减他的薪水。

乔治在基林沃恩制作的机车以及他和洛施合作制造的铁

轨立刻风行英国各地，在以后五六年中，他制造了 16 部蒸汽机车。

乔治的第一条全新铁轨是 1819 年在纽卡斯尔附近矿区修建成功的。全国各地的工程师都来基林沃恩参观。爱丁堡有名的建筑师罗伯特·斯蒂芬在 1818 年写道：

> 铁路工程上一些了不起的发明都是由纽卡斯尔的史蒂芬孙创造出来的，尤其是他的蒸汽机车，为人称道。

在当时一般国家都还停留在以马车为交通工具的阶段，俄、法、德等国家的工程人员都迅速得知了这项科学发明。乔治此时已经开始了矿冶蒸汽机车的生产与使用。虽然这类机车很粗陋并且仍在试验改进中，但来自四面八方的参观人员还是络绎不绝。

在乔治创造蒸汽机车时，有不少工程师也在研究此项目。不过在 1814 年乔治开始试验蒸汽机车时，其他工程师大部分已经放弃了，乔治虽然从他人过去的经历中获得不少资料，但没有一定的原则可循。

乔治快速地制造蒸汽机车，每制造一部都要进行更新和改进。然而其他的工程师则只是等待着、观望着，带着一种不相信的态度，或者认为这些车头将会带来灾祸，随后就会销声匿迹。

后来，乔治在基林沃恩的继续研究和制造，总会遇到众人的阻力。乔治凭着他个人创作的才能和顽强不屈的毅力，终于大功告成。事实上，他制作的机件都很粗陋，手工拼凑的痕迹到处可见，经过一改再改，才能达到满意程度。

乔治以高超的技术和能力，独自工作。

乔治在某几个方面的才能，可谓得天独厚。他看到过不少前人设计制作上的缺陷而加以改进，他庆幸自己是英国东北部人，因为该处是矿场运输道路发展中心，也是蒸汽机车制作技术领先的地方，所以他从小就能够观摩和了解。

人们开始倡导铁路交通，是因为人们已经很明显地看出这种交通工具的引进可以减少失业，可以给大城市带来更多的新鲜蔬菜。他们意识到铁路交通可以脱离大批的骡马，可以解决拿破仑战争中缺少粮草的问题等。

威廉·詹姆斯是伦敦土地经纪人，是个有才干的企业家。他在倡议铁路运输时做出了正确的选择。他经常游历各地进行演讲，勘测桥梁、运河和铁路，并寻找土地，访问工程人员。1821年他来到基林沃恩访问乔治。他对乔治创造的蒸汽机车颇为欣赏。威廉还和皇室有来往，也替全英格兰的牧首坎特伯雷大主教办过事情。乔治对威廉有很好的印象，知道他有很高的声望和很大影响力。

从1820年开始，人们对铁路的兴趣越来越浓，后来铁路不仅局限于矿业，全国各个领域都深受其影响。达灵顿有一位羊毛商人爱德华·皮斯对此更是独具慧眼。乔治怎么会与皮斯认识的呢？据说威廉·詹姆斯就是牵线人。他访问了基林沃恩之后，便写了一封信给皮斯，盛赞乔治制造的机器：

> 史蒂芬孙的蒸汽机车是我所看见过的最优越的一种机车。科学界的人士中除瓦特外，我认为史蒂芬孙的此项发明，功能卓绝。

无疑，这样的赞扬加深了皮斯对乔治的印象。在后来的日子里，皮斯一直全力支持乔治。

皮斯的构想

达灵顿是一个小镇，位于纽卡斯尔南面，1825 年时人口仅 5000 余人，是英国东北部的羊毛中心兼亚麻纺织业区。就整个英国而言，这个小镇的地位微不足道，为什么竟能一跃成为世界铁路交通业的发源地呢？

要想在国会中通过一条法案，例如修筑运河等，绝不是件简单的事情，需要大量的金钱，需要优秀的律师，还要和权贵们经常接触。修建铁路这种大事，为什么不是那些大城市，如伯明翰、曼彻斯特、利物浦、格拉斯哥或爱丁堡的那些大工业家、大商贾或有名望的国会议员提倡呢？这是因为，达灵顿这地方有一群有组织的教友派信徒，铁路交通技术的引进，就是这一群教友派人士努力的结果。就因为教友派信徒的力量，达灵顿在不列颠帝国里的重要性不输于任何城市。达灵顿市面积虽小，却能说服国会，使它成为世界上首创铁路交通的城市。

教友派人士在达灵顿居住了近百年。皮斯一家是由约克郡迁徙过来的。爱德华·皮斯于 1767 年在达灵顿出生，他在附近一所寄宿学校毕业后，14 岁就接触家族的羊毛生意。就像他的历代祖先一样，他骑马巡视苏格兰北部地区，访问农民及市场，购买羊毛原料。在他的主持下，羊毛生意迅速扩张，当地煤矿业也被收入自己名下，但他始终保持着小城商人的姿态，住在城内商家云集的北门街的一栋三层楼房里。他不像一般人稍微发达后便搬去更好的居所，他满足于自己的现状，乐意与城里商业中心为邻。在北门街 73 号的住宅，皮斯家已住了六十多年，家中妻子儿女共八人，乔治第一次去拜访他，就是在这个地方。

我们不知道乔治为什么想要会见一个教友派人士。教友派的人士一向被人认为有些古怪，乔治不属于任何教派，对宗教也没有兴趣。然而，他必然知道一些有关教友派的神话、传奇和事迹。

英国的教友派是在内战时在部分清教徒的激烈反对下兴盛起来的，创始人为乔治·福克斯，反对任何形式的战争和暴力，不讲求形式，不要牧师、僧侣，主张和平主义和宗教自由。他们的聚会一般是在一片沉默中开始的。在聚会进行时，任何一位与会者都可以发言。信徒们称他们自己为"光的儿女"。此会成立三年后，他们才有"教友派"的名称，这个名字的由来据说是由于早期一位领袖的号诫"听到上帝的话而发抖"。从此以后这群教友就自称他们是"震动者"，但正式公开的名字仍是"教友派"。

教友派教徒的观念之一是不说任何誓言，因此容易和法官起争执。这也使教友派人士不易担任公职，不易进入剑桥和牛津大学，不易进入国会。他们拒付教堂费或税金，拒服兵役，拒绝承认帝王优于任何人，拒绝承认任何圣者、圣徒，拒绝称呼任何显耀爵位或头衔。他们称呼每一个人为你或您，认为在地球上的每一个人都是同样平等的。

他们摒弃鲜明而华丽的衣服、富丽堂皇的家具及各种鲜艳的颜色。因此，百年以来，他们始终是穿着黑色或灰色的衣服，他们不让自己的形象加上色彩，认为那是虚荣。爱德华·皮斯后来居然被说服为后裔留下一些照片，他到最后终于承认拍照不是罪过，因为照相机与美术家不同，它不说谎。

教友派对平等极度热爱，在 19 世纪社会陋习的改革方面颇有建树。1824 年，在斯多克顿至达灵顿铁路推进运动中，教友派参与抗奴役运动，爱德华·皮斯往来于英法之间，游说法国国会议员及商人，力求废除奴隶制度，虽然没有什么成果，但是他的正义及勇气值得人们称赞。

教友派人士有许多美德，表现在商场上尤其显著。懒惰、闲居、享乐均被视为罪恶。他们认为只要不是以正当目的追求金钱，就是光荣的。他们绝不从事武器制造以牟利。

1600 年，皮斯祖辈在运输羊毛背心给一位公爵的部队时出现了纰漏，直到 1744 年时，皮斯家人还在为那一次的过失而忏悔。一般教友派人士认为达灵顿区教友派教徒比其他地区教友派教徒思想开放，比较能适应社会活动。就皮斯家族而言，爱德华本人仍属老派人士，其儿女则近于新进开放派。

1817 年，爱德华·皮斯 50 岁，他的日记中已有谴责自己年轻时浪费与不检行为的记载，并表示后悔对各项世俗功利的追逐。此后，除从事花圃园艺外，他不再有任何世俗之乐。甚至，在他晚年，他对他所获得的花卉竞赛奖也视为有损清规，于心不安。他的日记中充满了此类内心挣扎与寻求精神解脱的记载。

在商场上，教友派人士的正直为一般人所信赖。在 19 世纪，勇往直前如皮斯家族的教友派信徒，在工商业中成了领导模范，甚至已经成了一大组织，他们背后有教友派银行家的支持。就算是一个狂妄计划或奇特投资，如果获得了教友派人士的支持，往往能够成功。

1817 年，爱德华·皮斯仍旧是一个默默无闻的英国东北商人。虽然如此，若提起他是教友派人士时，他又往往让人另眼相看。

他于 1817 年起致力于反对奴隶制度，并大力提倡修建铁路。反对奴隶制一事他已经与法国国会议员及内阁部长们接触过，表明了他的坚持、耐心与毅力。

另一项铁路交通事业则是为了造福商人及工人。他知道如果从矿场修一条运输通道到达海口，将会使一般平民及工厂得到廉价的用煤，并使工商业更加发达。达灵顿距矿区只有 12 公里，正好在矿区与海口的中途。当时煤价的高低受运输的影响很大。

远在北部的泰恩煤矿，当时几乎独占伦敦市场，这是因为矿场邻近泰恩河畔，运费较低，而本地煤却因运输困难而成本奇高。若能降低运输成本，不但可促使达灵顿与斯多克顿的制造业繁荣，也可以推进煤炭外销。

铁路提案的艰辛之路

1810 年，在庆祝斯多克顿修成一条仅 200 米的水道的聚餐会上，社会人士再度提出修建运河的建议。当时皮斯也在座，他建议修建陆上道路，因为陆上道路比运河省钱和便捷，达灵顿的商贾也附和这种说法。

1818 年，皮斯和一群达灵顿教友派会友，决心成立一个委员会，计划兴建由畜力牵引的铁路，并将铁路名称定为斯多克顿—达灵顿铁路。虽然中间曾经遇到一些阻碍，但是计划仍能够顺利进行。达灵顿一位有钱、有地位的银行家约拿丹·贝克豪的意见是，从矿区到达灵顿用铁路，然后以运河联通斯多克顿。皮斯则仍坚持原议，他以无比的毅力与决心，企图说服贝克豪。很幸运地，贝克豪也是教友派教徒，他的母亲出身皮斯家族，贝克豪夫人出身诺威治教友派会员世家，爱德华·皮斯的儿媳也出身于这个家族。因此，他们无须争辩，仅一个家族会议便解决了问题。

负责测量的人是威尔士籍的工程师乔治·阿华登，他曾推进及修建南威尔士车道，并参与 1804 年的火车道试建工作。

在阿华登勘测的同时，委员会也征求负有盛名的爱丁堡工程师罗伯·斯蒂逊的意见。斯蒂逊当时已经完成了贝尔岩灯塔的建筑工作，此项建筑的性质虽不属于铁路工程范围，但在当时，任何与工程有关的工程师，都被大家认为能够对铁路工程提出一些有建设性的建议。阿华登热衷于铁路建筑，并且撰写铁路建设论文，其中还提到了乔治在基林沃恩的成就。

斯蒂逊于 1818 年 12 月 22 日从爱丁堡寄出的信件中宣称十分感谢该工程组织的邀请，并称该项工程计划"十分重要并将产生非凡后果"。他建议不必再邀请其他工程师参加，同时，测量应加紧进行以便在下届国会会期中提出计划方案。

斯蒂逊所谓的"其他工程师"，显然是指另一个叫做约翰·任尼的工程师。任尼之前被邀请过参与此项计划，但他建议修筑运河而非铁路。

斯蒂逊曾经从爱丁堡来到达灵顿做实地考察，阿华登的测量比预定期提早完成，皮斯对他礼遇有加。阿华登计划的铁路包括支线，建筑费 12.4 万英镑。铁路筹建委员会当即在 1818 年 11 月 13 日召开大会，这一天也被视为铁路公司的成立日，他们开始准备捐助名册及向议会报请核准的相关工作。

想要议会通过，必须由申请及发起人员购得沿线土地。就像当初修建运河时的情形一样，土地所有人必定会在议会中提出阻挠与抗议。所以申请人必须事前获得所有地主的同意，交通道路使用的土地大多都在他们手中。

不仅各土地所有人会提出反对，而且这些土地所有人也往往是国会议员，他们可以亲自在议会否决这条议案。最强有力的两个反对者，一个是达灵顿伯爵（即后来的克利夫兰公爵），一个是埃尔登爵士。达灵顿伯爵 1819 年 2 月致函说该项计谋"违反及伤害铁路所经地区的人民利益"。事实上，这条铁路正好穿过他的狩猎场。

埃尔登爵士当时正为上议院议长，他在计划书上写满陈述说，他不懂什么是铁路。

1819 年 2 月，皮斯和其他五个发起人来到伦敦游说各议员，他们昼夜不停，分别拜访。负责法律事务的一位发起人曾描述他们在伦敦游说时的艰难、痛苦与绝望。他们也曾拜见过埃尔登爵士，但一切都是徒然。他说埃尔登的回答就如同一只老狐狸，因为他"不给你一句肯定的话"。

这一群正直和受人尊敬的教友会人士来到城里进行这样特殊而艰巨的任务，逐渐赢得一些中立人士的谅解，他们认为教友会的计划并非不切实际。达灵顿伯爵认为他们不可能达成目的，随后就返乡狩猎去了。当这项提案在议会再度被提及的时候，律师急电在乡间的伯爵说，这项提案的申请人正处于优势阶段。当时伯爵离城市很远，家人马上派人连夜前往送信，伯爵连夜赶乘驿车回到议会。

议案后来没有获得通过，但与反对票相差只是十几票。有一位议员事后说："这群教友派人士能在这种很少有人知道铁路是什么东西的情况下，赢得这么多的票，我要让那些反对的人仔细想想，为什么反对？"

这群教友派人士得到了鼓励，重新燃起了希望，商请阿华登再做一次测量。阿华登开始的时候并不热心，他想到他在南威尔士测修矿道时从未遇到如此多的麻烦，同时，他对委员会另外招请斯蒂逊一事也感到不愉快，但最后他仍然答应了，而且是以最低的测量费，完成第二次测量。

阿华登第二次的测量，尽量回避了达灵顿伯爵的猎场，但却又侵犯了另一位贵族的土地，而议会在第一次几乎通过的情形下，使得许多地主们乘机抬高地价，甚至一家废置的采石场，因为是铁路的必经之道，也乘机狮子大开口，索取高额的地价补偿费。

1821年，申请书正待呈送议会的前夕（其中因为乔治三世去世，拖延了一年），有一位发起人发现准备金中还欠缺一万英镑。议会规定准备金不得少于全部基金的4/5，否则无法接纳。后来他们向诺威治银行家求助，但没有结果。他们写信给皮斯，告诉他如果三天内无法筹措到所需资金，议案只能放弃。此时，达灵顿及斯多克顿都无意准备筹备这一万英镑的款项，皮斯只得从自己的私款中拿出这必需的最后一万英镑，使这条铁路的修建终能实现。

这一申请议案，长达 60 页，于 1821 年 4 月 19 日正式获得通过。皮斯名义上是这家铁路公司的首领，他赞助这项铁路建设最为热衷，在恶劣的环境中，他拥有最多的股份，极力挽救并促使这家公司能实现他们的理想。

在议案通过的当天，乔治·史蒂芬孙来到达灵顿皮斯家里拜访。据说，乔治为了要见这"老顽固"皮斯，光着脚从纽卡斯尔步行到达灵顿。另外有些人却说，皮斯刚开始没打算要见这乔治，正在乔治沮丧地准备要回家时他才答应给乔治一点时间在厨房见面。皮斯对这位健壮的、没有受过教育、说话粗俗、穿着不整齐的工人怀有几分疑虑，当乔治把他发明的火车讲述完毕后，皮斯彻底心服口服了。皮斯一直是想用畜力牵引车在这条铁路上行驶，从来没想过用机车。

皮斯开始欣赏乔治，觉得他诚实、聪明、谦虚、不做作。乔治说话时带着很浓的乡音，他自称只不过是基林沃恩的一个机器制工。

皮斯似对乔治在基林沃恩的多年作为一无所闻，他也不知道一部引擎可以代替 50 匹马。乔治说："请到基林沃恩来参观，看一看我的'布卢彻'，您看过就会相信了。"皮斯答应尽早去看看他那部可以替代马匹的奇妙机器。

谈到皮斯倡建铁路所遭受的困难与阻力，乔治对他说："我对人类头盖骨有些研究，据我看，如果你的脑中紧扣着铁路交通这一件事，你就是把这事办成的人。"皮斯回答说："我也是这么想的，而且我可以告诉你，你如果能把这铁路造成，你的财富也会如同这铁路一样兴隆。"

从铁路公司保有的记录来看，皮斯对阿华登的测量似乎有些不满。事实上，阿华登的测量曾获得了国会的顺利通过，他虽然曾经一度对这项议案失望，但仍投入了为数2000英镑的股份。皮斯对他不满的原因不详，不过自从乔治参与之后，阿华登的名字就不曾再被提起过。

这次相会的背景，不管它是无意、偶然，或有心安排，但这一会见的结果，却让爱德华·皮斯为达灵顿，以及为全世界立下了汗马功劳。

与皮斯合作

爱德华·皮斯和乔治·史蒂芬孙的会晤是一件重要的大事。从乔治的文件中可以看出，当时他正在忙他的计划，不管他是否曾向皮斯大力推荐他制作的机车是如何可取，斯多克顿与达灵顿间轨道的修建仍然以畜力牵引为原则。这条铁路，比以前任何铁路都长。他们准备开放公用，这是教友派人士奉献精神的一贯本性。

皮斯并没有立即转向使用机车的构想，但他很快倾向于乔治的方案。4月20日，他写信给乔治，告诉他修筑方案已被通过的好消息，并问他是否愿意考虑再做一次测量，但是乔治回信说：

> 目前我所从事的工作，使我无法将全部时间转移至先生所计划的铁路上，但我极愿依据贵会的原则为贵会测量出最佳路线，并协助监督修筑事宜。我建议贵会应订立合同，并选派一位有才干的人，依此合同来监督承包商的工作情形。如全部交由我执行，我仍需要一份合约，并在上面预先填上总估价，贵会可派代表督导，但势必会增加部分额外开支。先生如有意，我愿在此恭候大驾当面商谈一切酬劳等细节……

上次乔治去达灵顿，此次皮斯由汤姆斯·理查逊（伦敦教友派银行家）陪同参观乔治在基林沃恩的引擎与铁轨。上一次乔治到达灵顿时，首先便向皮斯推荐他铺在"黑顿线"的平滑金属轨道。乔治的机车轮全是有边沿的。他如果能说服铁路公司采用他的车头而不用马匹，他就必须决定他的铁轨的种类，而这时讨论最激烈的是，金属铁轨是不是一定比旧式上等木材更适于牲畜牵引的车辆，并且更加经久耐用。

公司方面的人，大多数仍和前任测量工程师阿华登的意见相同，同意用畜力牵引车，认为火车头不会有好处。

1921年5月21日，铁路公司正式采用了一个标志，上面画着一匹马，拖着四节车厢行驶在路轨上。公司的格言是用拉丁文写的，意思是"牺牲小我，为社会服务"，反映着教友派的影响，而图案标志说明这铁路也是使用畜力的。

自从见过乔治后，皮斯的内心就很向往机车，但是这一阶段的机车在速度方面还看不出有任何的优势。乔治运矿用的机车车速每小时只有四公里，而伦敦至纽卡斯尔行驶的新汽轮速度要比它快一倍。铁路公司最注重的一点就是如何才能以最快的速度将煤运到伦敦。乔治也曾设法改进他机车的速度，当他对社会人士展示和解释时，都特别强调伍德替他分析出来的特点：机车头虽有些奇形怪状，却较马匹节省四倍能量。

1821年7月，乔治被正式委任担任该公司的测量师。皮斯将该公司公文副本等东西都寄给乔治。

当时该公司总经理一直不乐意雇用乔治再重新测量，因为上一次的测量已经得到国会批准。皮斯解释说："我们需要更精确的资料，例如当地承包商的报价是否正确，况且阿华登所测的路线，有某些地主仍激烈反对。"皮斯此时已经明显地表示对乔治的器重，不但请他做测量师，也请他担任工程师。

10月15日，玉米等农作物收割完毕，乔治便开始测量了。他的主要助手为一位26岁的年轻人，名叫约翰·迪克逊，他在当地有良好的关系及背景，他的祖父在50年前曾参加斯多克顿至达灵顿运河的勘测，他的曾祖为一有名的测量学家。

迪克逊的父亲将自己的矿场卖给了贝克豪。因此，迪克逊便在贝克豪银行任职，铁路公司成立后，他转到在达灵顿的公司工作。迪克逊可能也是教友派人士，至少教友派人士视他为一位良好的人选，借以监视身为敌外人士的乔治。迪克逊与乔治相处得极为融洽，他们成了好朋友。迪克逊日后成为铁路工程的著名工程师，是乔治学生中最有成就的一个。

乔治的儿子罗伯特，被任命为另一个主要助手。罗伯特当时只有18岁，刚从乔治的好友兼基林沃恩矿场的经理尼古拉斯·伍德那里见习回来。罗伯特很高兴能将三年见习缩短为一年，不必再在黑暗的矿井工作。乔治原本是要让罗伯特经历一些他自己不曾经历过的工程训练，如矿冶工程。然而此时乔治的主要兴趣已转移至蒸汽机车，而当时却没有适当的铁路工程师可以指导罗伯特。目前的机会难得，能让罗伯特有一处历练的环境，父子也可借此共同享受乡间的新鲜空气，以期改善罗伯特从小就像母亲一样羸弱的身体。

那几天天气都很不错，他们在两个礼拜内完成了野外的初步勘测工作。乔治把原先阿华登测量的路线缩短了四公里并修正了好几处斜坡，他想，这条路线也可以行驶火车，但是，还不到向公司提议的时候。他在 1821 年 12 月给威廉·詹姆斯的信中说："我们十分期盼这条达灵顿铁路能行驶火车。"

詹姆斯当时是国内推动铁路交通的先锋，他奔波于国内各处，检查铁路，勘测路线，举行会议，鼓励人民组织委员会。他原先构想在铁路上牵引的动力仍属马匹及固定式引擎，但他很快就开始关注起蒸汽机车来了。詹姆斯公开赞扬乔治的引擎之后，他们成为亲密的朋友，彼此经常有书信来往。

修建铁路

1822 年，罗伯特喜出望外地应邀参加詹姆斯主持的利物浦至曼彻斯特铁路首测。乔治很想念罗伯特，在他 1822 年 10 月写给詹姆斯的信中提起他希望罗伯特快点回来，家乡有很多工作等着他回来做。

要做的工作实在太多。乔治的测量报告呈送后的第四天，他便被任命为斯多克顿—达灵顿铁路修建工程师。他当时正受托在基林沃恩"大联盟"矿区，构筑"黑顿矿场"路轨。他告知皮斯的铁路公司，他每月只能替他们工作一个礼拜，该公司并不在意，仍付给他600英镑的年薪，聘他为该公司的工程师。

轨道材料的选用仍是一项最重要的讨论课题。不久前乔治曾和威廉·洛施合作制造一种铸铁轨道使用在基林沃恩矿场并获得专利，其他矿商定制及购用者蜂拥而至，他们二人也因此而赚了不少钱。1821年，汉佩斯附近的百灵顿铁工厂工程师发明长15米的锻铁铁轨并取得专利。乔治前往参观后认为确实优于他们所发明的铸铁铁轨。他在一封写给爱丁堡斯蒂逊的信中说："锻铁铁轨一定胜过铸铁铁轨。"当时斯蒂逊仍然是公司的顾问。乔治对他，像对阿华登一样，心中非常不满，但也无可奈何。

乔治明知购买锻铁铁轨较贵而且对自己和洛施都不利，然而他仍建议公司购买它。他向公司董事们说："老实说，如果购买我拥有专利的铸铁铁轨，我可以有500英镑的收入，但现在我已不能这样做了。"当时的社会及后来的舆论均盛赞乔治的正直，而迈克·郎格瑞（百灵顿铁工厂主）赢得锻铁铁轨的大笔生意，更是对乔治感激不尽。

乔治决心在达灵顿铁路上使用蒸汽机车。这将是他从事的一项大事，根据他的经验，使用展性大的锻铁铁轨是相当合适的。如果只是目光狭隘的人，只顾着眼前的利益，是不会有这种念头的。不过为远大前途着想，铁路的铺设是值得的，但是，运河主权人，收税道路的路主、地主，他们为了自己的利益都盲目地反对铁路铺设。乔治则对铁路的铺设很有信心，宁愿牺牲 500 英镑的权益，选用较好的锻铁铁轨。

　　皮斯也和乔治一样，宁愿牺牲眼前的利益，对铁路发展很有信心。乔治与他来往的函件中不断畅想着铁路运输的远景。皮斯在公司会议中不断地劝说股东，有时甚至引起内部纷争。部分股东对乔治建议改用锻铁并不同意，因为他们已投资大笔钱在制造铸铁铁轨上。皮斯很难处理，最后只能妥协：铁路的 2/3 使用锻铁铁轨，其余部分用铸铁铁轨（后来又改成 1/4）。

　　这条铁路的修建，是工程上的创举，乔治定下了不少标准，这在以后数百年，甚至直到今天，仍为铁路工程上遵循的标准。例如，铁轨宽度选定为 4.85 英尺（1.5 米左右），至今英国及世界上大多数国家都采用这一标准。

　　乔治于 1822 年初去伦敦考察及购买橡木并交由海运，铁路西段靠近矿区部分则计划采用当地石场的石料。然后他又到南威尔士订购一部分铸铁铁轨，用来应付公司部分坚持采用铸铁轨的董事，但凡建材的样式、价格、选购、订约都由乔治做最后抉择。在这段时间，他大部分的信函皆是口授给秘书或由助理抄写，对当时的材料价目、规格等记载得十分详尽。

他很少写信给住在基林沃恩乡间的妻子，似乎已将她忘记。乔治提起他妻子的时候，仅见于他偶尔写给亲友的信中："我太太附笔问候你们。"白手起家的乔治，如同其他许多成功者，将生命完全寄托在事业上。

乔治在生活和感情上的变化，只能从他给几位好友的信中窥出一点端倪。此时，他与威廉·詹姆斯的感情较亲密，两人往返信件很多，乔治告诉他达灵顿铁路进行的情形，詹姆斯则告诉他利物浦铁路方案及其他方案的进度。

乔治在一封致詹姆斯的信函中表示，斯蒂逊仍挂名于公司内，这使得乔治感到有一些不便。斯蒂逊之前曾鼓励乔治，他在致皮斯的函件中赞扬乔治的机车。如今，乔治显然对他没有好感，他说："他脑子里并没有机器的观念，在公司里却乱开腔。他对铁路毫无概念……"

乔治傲慢而顽固，在用人和选用材料上坚持己见，但也的确都有自己一套完整的道理。他的引擎确实比人家的好，别的工程师大都半途而废，放弃不做。乔治如果想要做一样东西，一定是自己动手，没有任何人可以代替他。

组织一个庞大的工程设施需要一个有决心和自信的人，

乔治能自己负责解决所有的问题，甚至有点独占性，他不许别人干预。

第一条路轨

第一条路轨于 1822 年 5 月 23 日由铁路公司总经理汤麦斯在斯多克顿正式安装。举行典礼时，斯多克顿市民大肆庆祝，市内钟声、铃声及港内大小船汽笛齐鸣。汤麦斯放置第一条锻铁钢轨后，市民列队游行街道，礼炮声不绝于耳。

游行的引导队伍是两三百名拿着锹铲斧头、一群为人熟知的 19 世纪初期工业界的先锋——铁路工人。这些工人，有些曾参加过挖掘运河，现在被斯多克顿召来从事一项新工程。他们的领班多半都是乔治熟识的，都与乔治有着良好的关系，领班中还有往日在泰恩河畔并肩工作过的伙伴。几个专业技工来自基林沃恩，与乔治情同手足，他们到这里来工作，绝没有想到以后就很少有机会回家了，因为这不仅是一份临时工作，在达灵顿工作结束后，随后就转到全欧洲各地区去，一条接一条的铁路等待他们修建。熟练的技工和乔治的助手，例如约翰·迪克逊等人，以后都成了铁路工程界的巨擘。工程师们虽获得名望与光荣，然而真正居功至伟、默默耕耘的却是这批铁路工人。早期的铁路建筑，没有机器可用，只有靠锄头、铲子、畜力和炸药。公司的主管们，在开工典礼后，应邀参加市长的接待会，这批劳工解散后，则纷纷到酒店、茶馆去喝啤酒、啃面包了。

达灵顿沿线没有酗酒胡闹的事发生，无疑，教友派的皮斯很坚持这一个原则。他和外界工作人员订立协约时，协约书上注明：酗酒者立即开除，当月薪资停发。

乔治和工作人员在一起时，既无时间也无兴趣饮酒。他终日忙碌，第一条路轨装置后，他便研究如何筑篱保护铁轨。旧日矿区铁路和私有土地都是由私人保护，乔治幼年就曾被雇用避免牛羊及儿童侵入铁路上。如今，达灵顿铁路经过广泛的区域，有城镇、乡村、公有及私有土地，所以乔治提醒承包商在某些区域应修建石墙或篱笆，并树立明显的标志。

乔治也是第一个设计铁路桥梁的人，根勒河上的铁路桥至今仍保存着，全桥长50米，河床中有3个桥墩。乔治为了修建达灵顿附近河上的铁路桥，特邀达勒姆建筑师依纳迪斯·莫勒密前来帮忙。此桥开放之日，名画家杜宾曾为此作画留念。

除依照国会批准的方案建设外，铁路公司也要求依乔治的设计稍作变更，其中最大一项变更为允许使用蒸汽机车。原计划应仅用人力或畜力牵引。皮斯和理查逊对乔治在基林沃恩及"黑顿铁路线"上使用的蒸汽机车早已经留有深刻印象，所以他们对改用火车头或引擎牵引机车的计划立即表示赞成。

乔治由公司律师等人陪同前往伦敦促使这项变更通过，因此他也了解到一些议会工作程序。据公司律师说，议会中有些人对"火车"一词很难理解。议长的秘书甚至认为火车是一个奇异的怪物，而将这个词删去。北恩布兰议员急召乔治前往，让他加以解释说明。

乔治对统治阶级的贵族向来没有好感，位尊权重的议长，还有兼任许多委员会的主委，他都一视同仁。公司律师后来写信给乔治说，可能要请乔治再度赶往伦敦，乔治回信时充分表示出他的厌烦之情：

> 你今天的来信令我很不舒服！这样短时间的通知叫我怎么来得及准备？我工作是这样忙碌，同时，我身体也不舒服，实在无法开启这趟旅行。议长实在是个大笨蛋，他被宠坏了，比我想象得更糟！我还没有见到爱德华和斐斯二人，也许明晚可见到。请你接到此信后告诉我是否可以延期，我派人在驿站等你的信息。

议长的无知最终没有产生什么影响。新的法案在1823

年 5 月 23 日通过，使斯多克顿—达灵顿铁路成为有史以来第一条公用客货运输的火车之路。

火车的新纪元

众所周知的火车交通运输，始于斯多克顿—达灵顿铁路的建成，但铁路工程历史学者则各有不同的见解。在铁路工程史上，名正言顺地获得"第一名"的首创身份，并不那么简单。

在斯多克顿—达灵顿铁路落成以前，已经有不少铺有铁轨的道路兴建，但所用动力仅限于马匹。严格地说，斯多克顿—达灵顿铁路不能被称为第一条公用铁路，在它之前的 1803 年就有对外开放的塞瑞铁路，堪称第一。不过，它是由马匹拖拉机车运行的铁路。我们甚至也不能承认斯多克顿—达灵顿铁路是第一条蒸汽机车铁路，乔治在基林沃恩及黑顿铺设的铁路早已经使用机车。要将斯多克顿—达灵顿铁路放在第一位，还必须有更真实和正确的解说，那就是必须符合三个条件：铁轨道；是公开使用的；使用蒸汽机车头牵引的。

火车法案通过之后，接下来面临的问题是由谁来制造蒸汽机车。

1823 年 6 月，乔治父子、皮斯及迈克（制造锻铁铁轨的铁工厂主）决定合作开设一家机车制造厂。其后虽有人评论他们有垄断机车业的嫌疑，但在当时却是无可奈何之事。建厂资本大多由皮斯供给，在全部资金4000英镑中，皮斯投资1600英镑，其他人各出800英镑。后来却发现罗伯特的800英镑是由皮斯借给他的。

乔治虽然只是在他的矿场工作间制造过小规模的机车，但他确信这机车性能优良，皮斯也对乔治深具信心，从巨额投资上即可看出。皮斯本人对机器外行，他的铁路是一个创举，而其他许多工程师认为蒸汽机车在当时毫无前途。其中更惊人的一事是，他们将工厂命名"罗伯特·史蒂芬孙组合公司"，罗伯特此时只有19岁，受命担任该公司的经理。然而，其他股东是否相信这样一个年轻而羸弱的孩子能主持一个公司呢？或者是指望乔治在后面策划呢？

事实上，罗伯特虽然年轻，却有丰富的经验，足以担当这个职位。他有过勘测两条铁路的经验，他父亲将他从詹姆斯那里召回后，就送他到爱丁堡大学研究自然哲学、化学及大自然历史。他从爱丁堡的学术研究所回来后便直接负责实际的筹厂建设及机车制造。股东们一点也不怀疑他的能力，后来由事实证明，罗伯特的成就没有让他们失望，但当初这一决定和任命却是足够大胆的！

他们在纽卡斯尔的福斯街买了土地，雇用工人开始为斯多克顿及达灵顿公司制造两部火车头，每部价值500英镑。

乔治和妻子从基林沃恩村搬到纽卡斯尔的埃尔登街居住，住所距工厂不远，以便乔治能够考察工作进度。罗伯特虽主持厂务，但新引擎设计却完全是乔治做的，同时乔治也将主要工作放在推动铁路工程的完成上。

曲折中前进

面临种种困难

　　1824 年一年中，由于天气原因，加上路线上几处坡道及弯道修筑和天气原因有关法律事务上的几个问题，影响了公司的预定进度。其中还有两位公司董事因铁路妨害到他们私有的道路而提出异议，公司发出布告让工人不得违反侵害私人土地的规定，政府还发出了两张处罚单，后来查出这项处罚就是这两位董事坚持的。

　　有件法律纠纷也使达勒姆政府惊讶了好长一段时间。原来，铁路公司股东之一，拒绝接受土地购价，土地虽只有一亩大小，但却坚持要 700 英镑。公司邀请 8 位地方人士会同评估，结论是只在 200~320 英镑。政府召开的最后一次会议中，这位股东坚称"这个像定时炸弹一样的怪物——火车，将会导致我附近整片土地都变成废墟"。政府最后只得仲裁以 500 英镑收购了事。

　　反对火车的议论不时见报，议院也有传闻说这种火车的时速可能会高达 10 到 11 公里，噪声惊人，影响环境。公司不断否认，伍德甚至坚决认定火车速度绝无法超越每小时10公里。达勒姆的兰姆顿公爵宣称："站在他家屋顶上不会看到这怪物，但它的'吼声'每间屋子都可以听到。"有些议员也宣称："我们不允许这种类似定时炸弹的机器破坏我们乡村的宁静。"艾尔敦爵士写道："火车或类似这类野蛮机器的引进，会使一向宁静的英国人民变疯狂！"

这些反对论调的声音，不仅仅是在达勒姆城，在其他地区也能听到。因为当时有关火车的传闻已经遍布全国。斯多克顿—达灵顿铁路现已接近完成，各地政府及团体均选派代表前来一看究竟，而各地区每逢有道路建设，都开始考虑是否要采用火车。利物浦—曼彻斯特铁路的倡导者，组团来观看乔治的机器，其他地区如伯明翰、格洛斯特等也均组团来参观。

1924年铁路修筑进度缓慢的原因之一，是公司内部工程师因应各地邀请及到处接洽业务，导致公司人手不足。乔治于是邀请在华勒姆从事火车研究的提摩斯·黑克华斯来到40街工厂工作，其后并担任达灵顿公司监督。各地区修建铁路的请求及计划纷纷提出，但均未做最后决定。大家都想等达灵顿铁路完成通车后再议定，但是，这却害苦了乔治，他必须来往奔波讨论各项有关铁路的事宜。

乔治经常到伯明翰、利物浦等地旅行，一方面找寻适合修建铁路的路线，另一方面替罗伯特公司推销机车。1823

年底，他与罗伯特共同赶往伦敦及布里斯托，售出了一些锅炉和固定式引擎，然后经由都柏林转往科克。罗伯特对这些从未去过的地方很感兴趣，乔治则以生意为重，认为这些旅行耗费太多时间。

后来，乔治受托替利物浦铁路线做一部分工作，来往旅行次数也增多，但他心里却急于把达灵顿铁路完成，让世人早些看到他的成绩。

以当时的世界实际情况而言，交通传播等事业并不十分发达，而史蒂芬孙的工作却已为世界所知。一位美国宾州"社会开发委员会"的会员威廉·史迪南，1825年特意来到英国搜集运河及铁路修筑资料，他仔细观察乔治的火车及铁路，乔治向他建议，机车改用六轮可以较四轮更平稳。他将所见所闻详细记录，并将工人所用工具亦一一记载，做成报告。这是史上第一位来英国收集铁路工程资料的美国人，而法、德、俄诸国则早已付诸行动。

因世人十分重视这项工程，故而皮斯提倡并投入更多资金以使此铁路能如期完工。当时公司账目已有巨额赤字，后来，经由教友派人士幕后的帮助，铁路工程才能够如期完成，对外开放。

通车之日

最后一周，当地报纸用大幅版面报道铁路完工及开放庆祝相关事宜，并告诉市民宜在何处参观。公司印发请帖邀请政府官员、工商各界领袖在市政厅聚餐。通车典礼时将使用一部最新改良、性能优越的火车头拖行一列车厢，让宾主乘坐。

另有一份具有浓厚教友派意味的传单传送到各受邀宾客

史蒂芬孙的蒸汽机车试行

手中："本公司希望所有参加盛会的人员神志清醒、心平气和，切勿酗酒。"

典礼进行的前一天，乔治做了一次试车，邀请皮斯及其儿子约瑟夫、爱德华及亨利，以及伦敦教友派银行家汤姆斯·理查逊试坐。

火车头后面拖着由罗伯特公司所制的车厢，外形类似驿车，但比驿车华丽。内部装有坐垫、地毯，当中有方桌，周围有 18 个座位。火车由乔治的堂兄詹姆斯驾驶，乔治则对皮斯等人讲解有关火车的构造等细节。

开幕之日，天气晴朗，早晨 5 点便有群众聚集起来。8 点，山一侧的固定引擎将坐满贵宾的车厢引入火车头停放处，由乔治驾驶。列车东行至达灵顿，然后再行至斯多克顿。斯多克顿镇早已大摆筵席，等待嘉宾到来。

事实上，到达斯多克顿时，车上已超过 650 人，总负荷达到了 19 万镑。当初，乔治在驾驶时，心中祈祷着：这部刚从工厂出来的新车，有没有足够的力量牵引如此多的人呢？路轨是否安全呢？铁桥、堤岸、乘客及参观人员的生命安全，各种可能造成的惨剧将是火车生命的终结而非开端！

列车全长约 400 米，火车头及煤水车厢居前，然后便是 6 节货运车厢（5 节盛煤，1 节盛面粉），之后是公司人员试坐的车厢，其后为 6 节满载来宾的车厢，紧接着有 14 节满载工人的车厢，最后 6 节则为煤车。紧随这列火车之后，有

4 节由马匹牵引的车厢，上面坐满了工人。

列车之前，还有很多骑士，列车上另有两面由公司制作的大旗，上面印着各项标语，也有引用拉丁格言的，其中一面旗上写着："愿斯多克顿—达灵顿铁路满足公众需要，以回报倡导者的功劳。"

成千上万的观众蜂拥而至。《达勒姆县商报》大幅报道火车开放日的盛况。其中详细描述乡民见到火车头喷出蒸汽时的惊奇情形：

> 此时，蒸汽引擎在准备状态，吸入大量气体，又放出部分蒸汽，呼呼作响，很多村民见到了之后都慌忙躲开，老弱妇孺惊恐万分，认为它即将爆炸。事后，见到火车没有动静，于是又围了过去。在欢呼声中，列车开始前进。

部分观众想象中的火车是铁马的样子，看到它没有四只脚，他们都大为诧异！

列车开赴达灵顿途中，曾有数次惊险场面。一次，一辆马车闯越铁路，火车及时刹车停住。另一次，火车某部的汽管堵塞，列车频频晃动，所幸故障均能及时排除，继续保持畅行。此外，也有驾马车追踪或与火车并行的人，不过没有办法与火车并驾齐驱。

一万多人聚集在达灵顿车站迎接火车进站。火车到达站点之后，6 节煤车迅即脱离，将煤卸下，发放给周围的贫苦百姓。除了在离开施尔顿矿场时耽搁了 1 小时外，火车平均速度为每小时 8 公里。

但在进入斯多克顿前的下坡道上，列车速度提高到每小时 15 公里。煤车上的一名工人因而摔断了腿，这是这次途中唯一的意外事件。在斯多克顿的观众，约有四万人，欢声雷动。

晚宴中有百余名贵宾参加，包括来自利物浦与曼彻斯特的代表、利兹与赫尔铁路的代表，晚宴直至午夜才结束。据说，晚宴中有 23 次"干杯"，第一次是向国王祝福，最后和最热烈的一次是对劳苦功高的乔治举杯致敬。

可惜的是，皮斯因爱儿依萨去世，其全家均未能参加此次庆祝盛典，所幸他已在前一天的试车中，亲尝长久辛勤的成果。

另一个没有参加此盛典的重要人物为罗伯特·史蒂芬孙。他主持 40 街工厂，是乔治的爱子及得力助手，照理应在盛典中与他父亲分享荣耀，可是，此时他已远赴南美创业去了。

对南美的向往

据说，罗伯特离开他的父亲到南美，是为了自己的身体健康着想，他说："由于他的身体原本羸弱，再加上工作辛劳和读书勤奋，健康情形变得很糟糕。最好的补救办法便是找一个较温暖的地方去放松一段时间。"

罗伯特从小就显得瘦弱，当他22岁时身体状况似乎较为好转。在达灵顿及利物浦两次的铁路勘测中，都不曾生过病。如果说是为了健康关系，那应该在他从事矿工工作时就需采取行动。1824年求学期间，他也显得很虚弱。不过，在布莱顿度假几周，或去法国旅行一趟，也能使他有所好转。跑到南美，那边的气候也未必有益于健康，更何况当时去南美还要经过许多冒险，对身体有害无利。所以，这并不是罗伯特去往南美的真正原因。

不过后来，世人才知道，原来是他们父子间产生过摩擦，而导致分道扬镳。罗伯特本人从未提到这件事情，因而这个秘密也没有适当的解释，所以当时所有人都不知道罗伯特去南美的真正动机。

就已知的事实来说，罗伯特去南美而不去其他地方，必然有特殊的理由，而且，他去南美还是由于皮斯的引荐。

皮斯的表兄汤姆斯·理查逊是伦敦葛理阿仑银行的创办人，他对铁路交通发展极具兴趣，是最早投资斯多克顿—达灵顿铁路的大股东，他曾和皮斯一起去乔治在基林沃恩的引擎工厂参观。他和皮斯一样，对铁路交通发展前途深具信心。后来，理查逊收购皮斯投资额的半数，陆续贷款给铁路公司而成为正式的股东。因此，他与乔治及罗伯特的关系都很要好。

1823 年间，伦敦向来稳重与敏感的银行家突然掀起一阵南美投资热潮。古老传说中的印加金矿，16 世纪西班牙征服的墨西哥和秘鲁地区的地下宝藏，蕴藏丰富，据说这些宝藏都是由人工开采，因为当时没有机器，许多都已放弃挖掘或停产很久。如今有了机器，正是大有可为的时候。

当时泰恩区的煤田已越掘越深，蒸汽引擎及钻压等机器发挥了高效能。若能够用这种机器进行钻采，必能获得很大的利益。伦敦的工商界，向来是每十年便会掀起一股对某一新行业的热潮，而且每次的目标都是前途似锦的地底宝藏。如澳洲人烟稀少的内陆区的金山矿就是一个实例。尼古拉斯·伍德称这一次轮到了南美的"投机狂热"。

曾经有个才华横溢、颇具声名的人叫理查·特维席克，他提着一个行李袋，带着他的机器，跑到秘鲁去，从此便杳无音信。后来有消息传来说他是被西蒙·玻利瓦尔反抗西班牙独裁的军队扣留了。那时候，没有人知道他的下落和生死。

这一次，观察家们说，人们不是去秘鲁寻找印加金矿，而去往北方的墨西哥，是因为那地方和平安宁。由于近十年来工业的迅速发展，这一次，大家已有泰恩煤区优秀的工程师和精良的冶矿机械。

聪明的理查逊，也是一个虔敬的教友派教徒，这次他和伦敦银行界的同僚，合组了一个去往南美的旅行团。他有意请乔治同行，但乔治却没有被说服，乔治在国内有太多的铁路修建工作等着他，但是乔治仍建议理查逊应选带自己那些机械设备。

年轻的罗伯特却为此十分兴奋，他愿意率领一群工程人员去墨西哥从事采矿的冒险。然而罗伯特新近才成立不久的工厂助手米歇尔却不赞成，罗伯特辩称他只去一段时间，这段时间内他相信米歇尔有能力把工厂办得很好。罗伯特的父亲自然更是反对。

但是，不管父亲如何反对，他已经在积极做准备了。1824 年 2 月，罗伯特到康沃尔去接洽可能同行的人员及应携带的器材。他此行决定由叔叔（乔治的弟弟）陪同。

后来，罗伯特仍想继续说服他父亲，并添加了些新的理由："一个人在旅行的时候，总会接触一些新事物，虽然它并不一定比我们原定的计划美好……因此，我如果能离开现在固有的环境，可能会增加我的见识和阅历……"

离开的决心

不过，墨西哥之行却在 3 月底被取消了，原因是墨西哥的土地租用权出了问题，罗伯特只好决定放弃，但一个月后，罗伯特接到了另一个南美之行的邀请。

这次是去哥伦比亚。同时，汤姆斯·理查逊也是其中的一个发起人。这一次的决定很仓促，没什么妥善的准备，罗伯特好像是有些冲动似的决心要去，而且他也确实去了。

我能够忘记你上封信中对我的忠告吗？你在信末多次提醒我，要服从父亲、避免争吵，我已试着做了。我父亲和我下周一将去伦敦然后转往科克，回来的时候我们大概就能在利物浦见面了。如果一切都如计划进行，我们定可如期相聚。这条铁路实在是全英国最好的一条。

这封信显示出罗伯特曾向詹姆斯抱怨过他的父亲，陈述自己感到吃不消、失望，想要离开他，但他决定仍要听从詹姆斯的忠告留下来。詹姆斯并不鼓励罗伯特有任何反抗的意识。

詹姆斯收到罗伯特请他帮忙找工作的信时，正值自己濒于破产边缘的时候。更糟的是，收到信一个月后，1824 年 5 月，詹姆斯勘测利物浦的工作被解除了，而由乔治继任。

多少年来，詹姆斯家人都一直在攻击乔治，说他是使詹姆斯倾家荡产的人，并计谋夺取他在利物浦的铁路勘测工作。不过，乔治获得利物浦铁路的工作是公正的，但是他和詹姆斯的关系却笼罩在一片阴云中。不过，罗伯特对詹姆斯事件感到很难过。詹姆斯很早就开始支持乔治，对他有很多帮助，赞扬他的引擎，引荐他与各界接触。他们曾是工作伙伴，曾共同申请专利；是亲密朋友，彼此有过信函往来。而后，詹姆斯得到乔治的同意，带罗伯特在他利物浦的工程中工作，这都充分表示出他们两人间的互信。

但当詹姆斯走霉运时，乔治不但不帮助他，而且把他赖以为生的职业也抢了过去。即使詹姆斯失掉利物浦的工作是咎由自取，罗伯特也觉得他的父亲该拒绝这份工作。所以很多人认为，乔治对詹姆斯的态度和僭取他的工作的行为，使得罗伯特极端不满父亲的作为，因而兴起离他远去的念头。当詹姆斯无法提供给罗伯特工作机会时，罗伯特只好抓住另一个机会，那就是去哥伦比亚。

不过，还有一种说法是，年轻的罗伯特对和父亲的长久相处感到有些厌烦。他不用任何借口，他的离开只是一种原始的人类本性。父子关系间的一种紧张幽闭的情绪由来已久，最后由儿子将它冲破。强壮有力、霸道的父亲向来教育他的独生子要顺承祖业，直到他同样坚强的儿子从少年进入青年，开始成长为独立而叛逆的成人时，他觉得自己被利用、被驱使够了，于是便要求自力更生。

罗伯特在求学时期十分可爱，父子二人经常挑灯夜读，有时儿子还会反问父亲一些难题。乔治很得意地将罗伯特送往布鲁斯博士的学院就读，罗伯特却不高兴。这时，在他心里已潜伏着对父亲无止境的读书要求的反抗。

像很多父亲一样，乔治一心想要儿子出人头地，弥补他自己没有受教育的遗憾。他希望儿子成为一个学有专长的工程师，但他对其他人文科学却不屑一顾。譬如说，拉丁文，他认为那只是一个上流社会绅士的装饰品，罗伯特虽有兴趣，乔治却反对他学拉丁文。

乔治似乎过于关心儿子的健康状况，把它作为闭门读书的借口，不让罗伯特有太多的室外活动。乔治的妻子死于肺痨，去世前两年她便卧病在床，不能活动。罗伯特当然也有一些母亲的遗传，显得清瘦羸弱。

罗伯特酷爱户外活动，也许是对儿童时期被禁锢的一种反抗，也许是想证明自己是和父亲一样强健的。也正是这个原因，他把"健康"作为去南美的主要借口。

乔治为了使罗伯特能勤奋读书，消除罗伯特对他的反感，他慷慨地购买了不少价值昂贵的器材使罗伯特留在家里，不要外出。深具爱心与关怀的父亲这样对待一个极具发展潜力的孩子，本无可厚非，然而，这段亲情仍避免不了带来几分抗拒。

去往南美

罗伯特的个性和做人原则都不可能使他不辞而别，最后他仍是得到了父亲和伙伴们的许可和谅解，他解释只是离开机车工厂一段时间，并说只签订了一个为期一年的合同。事实上，后来他们发现他签了三年的合约。如果他不这样解释，恐怕得不到他们的同意。通过这些可以知道，罗伯特敬重他的父亲，还掺杂着一些畏惧的情感。

乔治最后也明白了儿子想要到一个新国家去闯荡，他想不出有什么办法可以留住儿子。他想，只有一年的时间，自己辛勤一些，一年很快就会过去。达灵顿和利物浦两条铁路都正在进行中，罗伯特的决定使他伤心、难过。

至于罗伯特，他希望立即直赴南美，不需再北上向父亲告别。第一批去哥伦比亚的人已从法尔茅斯港离开了英国。罗伯特本打算离开了伦敦前往法尔茅斯，途中忽接到命令让他改由利物浦起程。这倒给乔治添了一分喜悦，因为他就在利物浦。

罗伯特航行中第一天的日记，并没有显露出悲伤，但也没有如释重负的感觉。他的记录中写满风速、水温等资料：

> 1824 年 6 月 18 日，乘威廉—康格瑞轮船，下午 3 时离开利物浦。东南风，无浪，天气晴朗。傍晚气温 58 华氏度。原想用温度计测量海水各种深度的水温，因为害怕被水流冲失而作罢。下午 7 时海面水温为 54 华氏度，这是用桶汲取海水，到甲板后立即量测而得出的，所耗时间极短，所测温度应属准确。

乔治在码头送别爱子后回到家，从此他必须勇敢地独自面对现实而工作。他已于数日前举家搬到利物浦。利物浦码头上人群熙攘，送往迎来。

达灵顿铁路还没有开放，利物浦线的工程规模更大，也更重要。未来的艰难问题还有很多，有待克服，此后乔治必须在缺少罗伯特的帮助下抬头挺胸，全力以赴。

乔治与詹姆斯

斯多克顿与达灵顿间的铁路修建是数百年来旧式煤矿产业道路改革的巅峰，在当时算是最具发展性的一条路，它使用蒸汽为主动力（虽然畜力车仍一直使用到 1833 年），正式开放兼营客运，但实质的计划中，它仍是一条矿物产业道，属于地方性的。开车典礼也只有当地官员、百姓和其他产业道路的代表们参加。回顾起来，这条路确实开创了道路工程的新纪元，但在当时仍不能视为全国性事件。

但是从利物浦至曼彻斯特的铁路性质则不同，此条铁路从开始建设起即举世瞩目，从各方面看，这条路线都可说是巨大的冒险、前所未有的伟大工程。蒸汽机车的力量及拖行速度是斯多克顿—达灵顿铁路的四倍；从开放日起即经营客运，奠定了其后百年内铁路模范的地位。这条铁路修建时，所遭遇到无数的阻力和反对，绝非乔治当初应允承造时所能想象得到的。

19 世纪的前 20 年，利物浦及曼彻斯特两城市的发展非常惊人。前者的人口在 1790 年时为 5.5 万，1821 年增为 11.9 万；后者则自 5.7 万增至 13.3 万。1780 年以前，南开普敦市纺织厂所需的棉花全部来自土耳其或西印度，这些棉花均经伦敦港口起卸，然后再经由运费昂贵、耗力耗时的驮马载运至工厂。工业革命带来了蒸汽机，因此新的及更多的原料需求增加，这些原料逐渐可由美洲直运到利物浦。1792 年从美国运至利物浦的棉花为 503 袋，1823 年变为 40 多万袋。

当时最大的问题是运输。如何将这大批原棉运至曼彻斯特及其附近区域的纺织厂，问题的答案是水运。创业已久、财运亨通的麦伊航运公司从事于河道运送原棉的生意，他们原本每股 70 英镑的股票，在 1825 年时涨到 1250 英镑，每年红利分配额每股为 35 英镑。

当 1759 年詹姆斯·布兰德林代表布里奇瓦特公爵筹建运河时，自然受到麦伊航运公司的大力反对。布里奇瓦特运河经营利物浦至曼彻斯特水运为公爵赚得巨大的财富，此运河是独资经营，而麦伊公司则拥有 39 位股东。据 1822 年的估计，布兰德林家族每年运河营运收益为 10 万英镑，而运河建筑费仅 25 万英镑。

河流和运河的营业都十分兴旺，这是因为需要运输的原料种类及数量很多。这两家运轮公司分别有独占的生意，而且均能控制垄断，制作厂商必须依赖其运载，他们无可奈何，原棉有时被任意堆聚在利物浦达数周之久，厂商叫苦不迭。有人曾提起由利物浦至曼彻斯特间的水上运输往往比穿越大西洋的货轮更费时间。利物浦当时已是通往大西洋彼岸的轮船聚集港口。蒸汽动力至 1825 年才用于达灵顿铁路，但其动力用于海上则至少已有 10 年的时间了。

当时达灵顿铁路可说是在黑暗中摸索的新尝试，发起人并没有把握能适用和获利，因此当时爱德华·皮斯坚持只有 5% 的红利，但在利物浦则大不相同，众多行业均疾呼需要解决运输问题，运河运输的参与颇受大众欢迎。1820 年，建筑运河仍属运输界新兴行业，有丰厚的利润可拿。河流运输业也极有前途。

利物浦至曼彻斯特间使用畜力车铁路之构想已历时多年。专门撰写铁路书籍的作家汤麦斯·格雷，倡议第一条铁路应建于工商业发达的利物浦与曼彻斯特之间，他建议使用槽齿轮机车。这是 1820 年间的事，威廉·詹姆斯对此当有所闻，所以他提倡修建利物浦铁路，他于 1821 年到利物浦开始和富有的玉米商人约瑟·桑德斯商谈，桑德斯也是极力批评运河及河流运输独占事业的人。

从 1815 年开始，威廉·詹姆斯成了国内倡导修建铁路运输的领导人物。他是伦敦地区土地经纪大亨，在 1812 年时，土地事业每年即为他带来约一万英镑的收入。

威廉·詹姆斯能言善道，既热心又很爽朗。他最杰出的一点是，他是个说客，极有说服力，这一点正好与乔治相反。乔治的儿子罗伯特一见到他便很敬爱他，他的许多文章，后来由他的女儿为他出版。

可惜，詹姆斯忙于结交达官显贵以抬高自己的身价，却疏忽了他在伦敦办事处的业务。他热衷于新观念甚于土地，他放弃固有的工作而奔走各地，发扬其运河、桥梁、铁路交通建设等新观念，并筹组公司，拨款测量，一个方案未成却又紧接着发展另一个方案，却最终一事无成。

詹姆斯原计划其铁路使用畜力牵引，这时候他已耳闻有关火车一事。等到 1821 年他在基林沃恩与乔治会面时才惊觉火车引擎性能的优异："这种引擎，不久将为社会掀起一场大革命。"在其致友人的信中称赞乔治为"这一年代中最伟大的实用天才"。

1821 年 9 月，詹姆斯与乔治开始合作设计机车头并做试验，但试用情形并不理想。与此同时，玉米商人桑德斯也鼓动利物浦商界的支持。在达灵顿与斯多克顿间地方性铁路修建的同时，利物浦铁路的修建方案也产生了。

第二年，詹姆斯由他的伙伴正式任命为铁路线勘测人，酬劳 300 英镑（每公里 10 英镑）。在当时他的土地经纪业绩一蹶不振的情形下，这份酬劳对他甚有帮助。至少，在他许多的计划中总算有一个起步，也帮助他走出了困境。

这时，乔治的儿子罗伯特，还有詹姆斯的儿子威廉，他的妹夫鲍尔·柏德黎及另外三人均在协助詹姆斯工作。罗伯特其后描述此段生活很有意义，但工作较达灵顿铁路测量还艰苦。很多的乡民，包括男人、女人、小孩，均向他们投掷石块，这可能是水道运输业的人所策动与指使的。在圣海伦斯的时候，有一群矿工要把他们丢入矿穴，尤其是对操作测量仪具的人员攻击最为猛烈。詹姆斯只得雇用一名拳击选手来保护工作人员，但是，仍避免不了所有的攻击，偶尔会遭受到一些损害。

詹姆斯对这些反抗一点也不在意，反而更激起了他高昂的斗志。这种榜样作用，得到了年轻助手们的敬重。

桑德斯，是利物浦的一名商人，并且是维新党员和议会改革者。他被视为一个优秀的领导者，而不是一个做生意的人。他的做法是要使当地舆论和一些政界人士热衷于这一方案。他的背后也有几位教友派人士，但他主要的支持者却是属于更自由、更激进的商界人士、银行家和专业人士。这些人都热衷于当时的国事，如反奴隶运动、消除水运业者不公平竞争等。在曼彻斯特，他们的组织及人数较少，但大部分都是属于棉纺制造业者。

利物浦铁路倡导者都是极有理性、讲实际、为群众所敬重的人士。委员会于1822年成立之初，马上咨询水运业者的意见及建议，并函请布里奇瓦特航运公司酌量减低水运费率，非正式会谈不断地进行。如果说水运业者具有远见，愿放弃垄断的运输交通,那么铁路的修建可能会拖延。可惜他们却率直拒绝,如今获得权势和利益,唯恐他人参与竞争,损害其所得。对此,铁路建设委员只能更加积极行动,誓言必将此路筑成。

此时詹姆斯行不顾言,明显有些滞后。建委会一再询问测量进度,对他缓慢的进度深表不满。他于1822年11月写信给乔治告诉他测量已接近最后阶段,并询问火车牵引能力的最新资料。

同月,乔治的回信有些含糊,避重就轻,不知所云。这可能是詹姆斯与乔治间产生裂痕的最先迹象。

桑德斯则忙于与议会接触,准备接受未来的挑战。经由委员会内部人士的努力,他们获得更多议员的支持,只因詹姆斯测量的缓慢和延误,他们没能及时将方案在这一届议会中提出。

詹姆斯有许多问题亟待解决,例如运河业者的反对、恶劣气候、收费道路机构的抗议要他远离他们的道路……但最主要的症结仍是他自己的财务问题。

委员会无法再容忍了,铁路修建计划因为詹姆斯已耽搁了一年多。桑德斯及另外四名委员亲往基林沃恩及黑顿察看乔治修建达灵顿铁路的进度,对他印象极佳。

1824年5月19日,桑德斯写信给在达灵顿的皮斯,告诉他已决定请聘乔治为工程师。

桑德斯十分焦急，他急于与乔治联系。因为这时距詹姆斯辞职已经有一年多了，他深恐乔治另有其他工作而无法接受聘请。一周以后，桑德斯获得了乔治的应允。

詹姆斯坚持保有计划书等资料，希望能维持与利物浦公司的关系。他写信给在测量中担任副手的妹夫鲍尔，请他到利物浦再重新做测量,但乔治已抢先一步聘请鲍尔协助重测。

詹姆斯等人认为这是乔治的计谋。事实上,"先下手为强"确是伶俐手法，但从另一方面来说，这也是理所当然的，因为乔治深知罗伯特已经远赴南美，无人可协助他，他必须尽快寻找另一名有经验的助手。

詹姆斯从此销声匿迹，之后他企图东山再起，从事铁路建设，但每一次均未能成功。最后他在康沃尔退休过着简单的生活。詹姆斯的家族始终替他辩护，令人同情。

最黑暗的日子

乔治很快就发现利物浦的人和他们那里的人是多么不同。他送走罗伯特后立刻开始测量，住的是简陋的宿舍和农庄，早上 3 点半起床，有时一天工作 14 小时连一片面包都吃不到，更恐怖的是遭遇到顽强的反对暴力：

我们的工作很艰苦，要和一些当地的爵士打交道。计划中铁路要穿越他们的土地，他们把土地周围全部拦挡起来，有的爵士还曾在夜间使用枪支朝测量人员所在的方向射击。下一周将会有更激烈的斗争，公司方面决定要全力克服。一个爵士说他将派一百人来对付我们，公司当局认为这些大亨们没有权力来阻止我们的测量，只有农夫们有权要求赔偿因测量而受到的部分损失……

在 1824 年 5 月，乔治被聘为工程师的同时，该委员会也聘请了 35 岁的亨利·波士为财务官。亨利的父亲曾为该会前筹备会委员，和桑德斯一样，是一名谷物商。亨利对铁路交通工作极具兴趣，他将全部精神与力量完全投入。他不但富有组织力，而且发起募集初创基金三万英镑，并亲自撰拟 1824—1830 年间的计划书，及公司的各类报告。他成为公司的记录人，而且，出人意料地，他也极具机械知识和发明天才。其后，他成为乔治工程事务上的得力助手，对工程发展贡献良多。

此时，斯多克顿与达灵顿间的铁路已经完成即将开放，国内其他矿区也有多条铁路正在进行建设。虽赶不上数年以后铁路修建的狂热期，但已够使乔治心满意足，他与各铁路规划均有关联。

乔治于 1824 年完成利物浦至曼彻斯特的铁路测量，1825 年 2 月提出总预算，包括建筑与列车费用共 40 万英镑。这比詹姆斯预估的多出 10 万英镑，但公司方面仍很高兴有此具体价目及真相，并宣布即将送往议会立案，同时在当地报纸上展开宣传，而反对者也急起攻击，报纸上充满着辩论攻击性的读者来函专栏。而公司为强调其科学性，在基林沃恩设置蒸汽机引擎强度及速度等示范表演。麦伊公司不甘示弱，也开始做水运示范，在利物浦装上两条马拉驳船，驶往曼彻斯特市卸装后返回利物浦，来回行程仅用 24 小时。第二天又继续试航一次，证明并非侥幸胡闹。铁路公司并不因此改弦易辙，仍依照计划继续进行。

铁路公司将方案提送议会并正式公布已取得各界支援的名单，其中潜力最大的股东有 164 名利物浦人、126 名伦敦人、54 名曼彻斯特人。预示在国会可顺利通过。

国会于 1825 年 3 月进行铁路方案讨论。全国商联会会长威廉·赫钦逊，以利物浦议员的身份而非政府官员，发表意见同意修建。

反对者经过多月的研究，聘请工程专家仔细探讨乔治测量报告中的每一个细节。方案一进入议会特别委员会讨论阶段，一百五十多种不同申诉立刻出现，其中有运河区穷苦未婚小姐，以及贫苦牧师冗长的反对理由书。特委会自 3 月 21 日至 5 月 31 日间召开了 37 次会议审理有关的文件和意见。

方案的反对派聘请了八位法律顾问出庭质询乔治，其中以爱德华·阿德逊律师对乔治之打击最为严重。

质询的前 11 天，由赞成方案方面提出证人出庭，对运河经营不良情形加以申诉，有 3 位玉米商做证，从利物浦水运商品至曼彻斯特须费时 18 到 24 日之多；另有做证者指出在运河营运办事处经常有 40 余人列队等候登记，由于天气状况不良，航期经常一再延误。另有 7 天，庭会召集各专业工程师如尼古拉斯·伍德等应讯，阿德逊律师都以礼待之。

乔治于 4 月 25 日星期一，前往应讯。开始时，乔治极具信心，询问事项多半是铁路机车的一般性能等方面的事，乔治自是经验丰富，但是，因为乔治缺少学校系统教育，语言表达能力及深度均感不足，思维及辩才无能发挥，加以浓重的方言土语，日后为人们引为笑谈。此外，他尽力避免引起怜悯及伤感之情，因此更增加被对方攻击的机会。乔治被迫一再承认错误。乔治的律师史班奇替乔治辩护，但效果不佳。

对方另一名主要律师哈里逊，虽不像阿德逊一样直接打击乔治，但却以戏谑的口吻嘲笑乔治想"浮架"他的铁路越过查特漠斯沼泽地带。

这一方案实在是没办法通过了，关键全在乔治的证词，他把它弄垮了，他的辩护人也无能为力。

乔治事后说："第一天受到阿德逊的攻击时即感颓丧，

如果地面上有一个洞，我会立即钻进去的。"

在议会中受挫后，利物浦—曼彻斯特铁路公司终于决定将乔治解聘，另聘一位有名望并受过专业训练而不致再使他们失败的工程师重做测量。假如罗伯特·史蒂芬孙在英国，以他的学识和经验，在乔治正需要他的时候，一定能给乔治莫大的帮助。可如今，乔治被解职、被冷落，只有独尝孤寂和冷漠。

罗伯特的遭遇

罗伯特·史蒂芬孙离开利物浦 35 天后，在 1824 年 7 月 23 日抵达南美，他在拉奎拉港登陆。据他的日记所载，他对南美的第一个印象是一个"穷"字。他认为，为这地方花费 16 万英镑，不值得。

10 月，他骑驴旅行去哥伦比亚首府圣菲波哥大，此行穿越赤道森林到达安第斯山脉。罗伯特事前安排路线尽可能避开会杀人的野人和强盗，他对那里美丽的植物和土著人民的风俗习惯十分着迷。

罗伯特的南美合约并非如他向亲友们伪称的只有一年，不然，他可能在抵达此地的矿区后，就必须返回英国了。

当时的情况是这样的：他离开利物浦后等了一年半才开

始采矿工作，伦敦公司告诉他的目的地是越过圣菲波哥大马格达莱纳河上游的地区。据说这里矿藏丰富，事实上，这里在西班牙人的管制下，历经了革命，还有地震等灾害，这里城镇的人口已从 2 万减到 450 人，没有一栋完整的房屋，每一个矿场均已荒废，杂草丛生。

罗伯特决定不在这鬼地方开发，他搬到一座位于山上的圣达安娜村，那里比较凉爽。他自建一间用木头、竹子和棕榈树做成的房子，等待其他矿工的到来。在从圣菲波哥大来此途中，他看到不少冶矿器材抛置河边，唯一的交通工具只有驴、骡，蒸汽引擎绝无法运输过来。他写信给伦敦公司说明这情况，机器运输必须拆成零件装运，这些信可能寄得太迟或者根本未寄到，运来的机器仍是大批整体的，只好堆在河岸上让它腐朽。

矿工们终于在 1825 年 10 月间到来，罗伯特的麻烦也跟着来了，他们全都是康沃尔人，到达时大多数是醉醺醺的，他们向来都是如此。

罗伯特需要当地官员协助开矿，也必须参加一些社交活动，因此他经常穿着白色的西装。罗伯特虽然经常往来于丛林、山岩之中，但他也经常出入于圣菲波哥大上流社会举行的各种宴会。英国在此地的移民有很多，他们早期来此研究动植物或代表伦敦工商界考查矿产，深入南美内陆，罗伯特与他们的交往很密切。

康沃尔人带来的最大麻烦不是酗酒，而是他们看不起这个羽翼未丰的只有 22 岁的年轻管理人罗伯特，他们不相信罗伯特懂的冶矿学识比他们多。罗伯特说："他们率直地告诉我，因为我不是康沃尔人，虽然经历过一些矿场工作，但一个在北方生长的乡下人是不会懂得开矿的。"

一天晚上，矿工都喝醉了，包围了罗伯特的住处，他们又唱又跳，还说要进去打他。罗伯特以一种大无畏精神，起身面对他们。罗伯特镇静地说："你们都醉了我却清醒，今晚打架不公平，我们等明天再说吧，你们先安静地离开这里。"矿工们的眼睛注视着地面，对罗伯特的冷静感到很意外，大家竟然默默地溜走了。于是罗伯特坐下来，点上一支雪茄，让外面的这群人从大门里看得见他抽烟的从容神态。

罗伯特为获得他们的信任，他组织各类活动如掷锤、举重竞赛，他自己也参与其中，显示他的强毅。他们当中有人把罗伯特当成公司里的一个职工，叫他去领钱发薪，并且不承认他是这里的主管。

罗伯特完全了解这样复杂的环境，有些朋友劝他离去，但他却从没有离职的打算。

以后曾不断地有坏消息传过来：罗伯特离开英国后，40 街工厂情况转坏。皮斯也来信告诉了罗伯特一些困难：

我该告诉你，自你走后，你在纽卡斯尔的工厂和你父亲的工程都遭受了不少损失，除非你早日回来，不然，只有关门。如果你回来，你会发现你的父亲和你的朋友们在你走后都老了许多。祝福你身体健康并盼你能早日回来帮助我们。

罗伯特最后开始想要早日回乡，但他此时却因发烧而情绪低落。同时，教友派的理查逊却又告诉他要遵守协约。

最坏的消息，莫过于罗伯特听到他父亲被利物浦铁路公司解聘。

此时，利物浦铁路委员会在议会失败而辞退乔治后，决定另行物色一位在国内声誉卓著的一流工程师继续奋力争取成功。任尼兄弟，在当时最负盛名。经过铁委会的商定，铁路建设由任尼兄弟领导，并且交由当时著名的工程师查尔斯·维格诺开始重测。他将路线略作更改，避免遭到过多地主的反对；同时铁委会也与其余的地主妥协，大幅提高补偿，甚至分派公司股份而争取其合作。任尼兄弟所做工程预算为50万英镑，比乔治的估价多出10万英镑，但此计划与测量在议会均顺利获得通过。维格诺为人圆滑，学识丰富，非常有自信，在阿德逊的质询中，他表现得无懈可击。

铁委会感谢任尼兄弟的优异测量以及在议会中的卓越表现，拟继续聘其担任工程建设。两人以工作太忙为理由加以推辞，公司没办法，承诺再加聘二流工程师如乔治等人为助手。然而任尼兄弟却给出很多意见，如要求年薪为 600 英镑，两人轮流亲临铁路现场六次，声言加聘助理工程师时最好能请到一流工程师，绝不可聘用乔治等人。

委员会经过多次讨论后决议拒绝任尼兄弟的要求，另外聘请一位工程师。后经桑德斯调查其过去工作情况，认为这名工程师不适合。在没有更适当人选的情形下，大家再度转向乔治，询问他是否愿意担任利物浦—曼彻斯特铁路的修建。

此时，斯多克顿—达灵顿铁路已经成功地对外开放，这使乔治恢复了光彩，挽回了不少他在议会上受挫的名誉。桑德斯及财务官布斯，仍然极力支持乔治，但他们此次邀请乔治时定下了不少要求，如每年必须有九个月的全工作日用在铁路建设上，同时不得另兼其他铁路建筑工程的职务，年薪为 800 英镑，并聘维格诺为其主要助理。对此聘任，维格诺与乔治均感到不安，维格诺自认是与乔治合作并不是他的助理。

两人共同合作不久之后，就发生了争论，乔治将任何不当之处都归罪于维格诺，坚持必须依照他的吩咐去做，后来没多久就将维格诺解聘了。

在维格诺离职之前，乔治就已经引进了他之前在老家的伙伴如约翰·迪克逊及约瑟夫·罗克，他雇用了当地达灵顿铁路线建筑工人，亲自设计桥梁、机器、引擎。这条双轨铁路有 63 座桥梁，最艰巨的一座是山前高架桥，需构筑 9 个拱洞。最长的一条隧道是靠利物浦一端的山边隧道工程，至今仍为世人所景仰。

重新焕发光彩

乔治与约翰·迪克逊于 1826 年 7 月从达灵顿来到工地，马上参与了查特漠斯沼泽地的工程。

乔治几乎是全天 24 小时不停地工作。早上 5 点，他骑着他那匹从北方带来的心爱的马匹去检查隧道或高架桥或沼泽地的工程。早餐时间回到住宿的农屋喝一碗浓麦粉粥，然后再度出发巡视工程。下班返回利物浦新住所后继续和他的学生、助手们研究绘图和设计，并口授秘书信件及报告等工作，直至深夜才休息。

除此之外，乔治还需要经常参加铁委会会议，在解释沼泽地区工程落后的原因与解决办法的同时，他一边辩论，一边将右拇指穿过上衣纽扣洞，猛烈地摇晃着右臂。每当他承受巨大刺激时，都会有这种反应。

他可能会激动，但很少像他的儿子罗伯特一样胆怯。罗伯特虽然有一些大胆的旅行、冒险，但他并不是秉性勇敢，他对前途不乐观，做每一件事都战战兢兢、小心翼翼，直到有了结果才放下心。乔治对自己很有信心，视小心谨慎为懦弱，他十分自信必能成功。两三年之后，他们取得了查特漠斯沼泽地工程的最后胜利，乔治所有的同事都承认他是一个从开始就自信能够成功的人。

为了奖励他，铁委会在 1827 年将乔治的酬劳增为每年 1000 英镑，并要求他全心全意地工作。他虽然同意在担任这里的工程师后不再另兼他职，但他在此之前已接受坎特伯雷－费斯特布铁路的合约，同时也还有威尔士、波尔顿的几项小工程以及纽卡斯尔的制造厂等工作。

1827 年 2 月，乔治写了一封长信给在南美的罗伯特，这是他亲手写的最长的一封信。这封信很难读，没有标点，不分段落，文法也不太通顺。更糟的是，信纸两侧空白处也写满了语句。

这封信记述了他在利物浦铁路工程上遇到的各种问题以及其他有关工作的进展，并附有小幅的插图。其中对于工程师们几十年来未获解决的火车头制造问题，有极详细的描述。

1827 年 3 月，乔治的助手约瑟夫·洛奇，写信告诉罗伯特说，最近的一切进展，使乔治恢复了以前的声誉："不幸事件造成的伤害已消失，他现在所处的境遇和地位，充满着光彩。"

罗伯特在南美的作业，终于进入正轨。只是所开的矿产，还没能获利。罗伯特在南美的三年中，从 1824 到 1827 年，代表哥伦比亚矿业协会，耗去 20 万英镑巨额经费。该会仍继续要求他连任，对他的工作表示满意。1827 年夏季，他开始计划回国。

不过，罗伯特并无急切返家的心情，他安排了一次巴拿马之旅，打算观赏一下工程界经常说到的将要连通大西洋与太平洋运河的航道。当时英国财政界已筹款待建，但哥伦比亚政府不感兴趣："这怎么可能会影响世界通商呢？"

罗伯特的巴拿马之行在 1827 年 8 月结束，然后他开始整理三年来搜集的标本和记载的日记等，装箱乘船，经马格达莱纳河至卡塔基纳港候轮去往纽约。他不想直接到利物浦，而是绕道到美国一游。

乔治于 1827 年 11 月才见到阔别三年的儿子。父子见面之后，便倚床交谈，到第二天清晨才各自歇息。

罗伯特离家后，乔治历经风霜，头发已经灰白，脸上满布皱纹，他当时的年龄只不过是 46 岁，虽然很健康，但已越过人生体能的极高点。另一方面，罗伯特刚刚成人，年仅 24 岁，但阅历与经验早就超越了同龄者。他曾亲临险难，管理人事，克服自我的考验。从今以后，他已不再是乔治的附庸，他已独立。他们不仅只是父子关系，他已经成了父亲的伙伴。

默默忍耐

罗伯特·史蒂芬孙于 1828 年 1 月回到他在纽卡斯尔的蒸汽机车工厂，此后五年中他一直以工厂为重，这也是火车发展历史上最重要的五年。每一种技术上的改进都有工程师的详尽记录，谁发明某一汽阀，谁发明某一进汽或排气管或某一锅炉，都有记录可查，不再有争论了。

在这段紧张的工程生活中，罗伯特也完成了他的婚事。从 3 月起他经常进出于城里百老街的绅士约翰·山德森家去看他的女儿芬妮·杰佛瑞森。罗伯特在 1828 年 8 月间写给朋友的信中说：

> 我觉得一个男人就要像一个男人，如果他不这样，一切都会变得可笑。不要让自己的性情被灰尘蒙蔽！
> 伦敦一切如常。

芬妮并不是绝顶的美人，但人人都称赞她的智慧。10 月，罗伯特带她去见自己的父亲，乔治对她印象极佳。

罗伯特事后说："我没有先让芬妮知道我要带她去见我父亲，我父亲看到她时觉得她十分聪明伶俐。她一点也不紧张，这次会面十分成功。"第二年的6月，他们在主教门教堂结婚。

罗伯特滞留南美时，他的工厂不但有财务困难，机车事业也是一蹶不振。乔治忙于利物浦铁路工作，工厂的进行由乔治介绍的一位叫提姆·赫克华斯的工程师主持。机车的改进不多，举例说，刹车方法仍不脱离原始方法，由驾驶人用脚直接压住飞轮。

达灵顿铁路线开放后，受人攻击不断。有的人夸大出事率，有的人即使是拥护兴建火车，但还是抱怨火车既慢而又累赘，速度从没有超过每小时四公里，小孩子可以追上并且爬上爬下免费搭乘。

铁路沿线的地主仍旧抱怨说，火车头经过之处，白热煤渣落下而造成损害，农作物被烧毁。公司宣布火车驾驶人以后如果再任意抛落煤渣，将受处罚并被开除。

1833年，斯多克顿—达灵顿铁路还有用马匹牵引的列车行驶，只是乘客已经不多了，1832年时平均每周不超过520人，但各铁路建筑设计仍以用畜力牵引为原动力。

从各种角度来看，蒸汽机车，有待改进之处实在太多。罗伯特旅行国内各地后，立刻发现这些缺陷。1828年元旦，

他在给朋友的信中就有此决定:

> 我刚乘坐火车回来,在这短短的距离中,我和父亲讨论要大大地减小和美化我们的引擎,将引擎装置于锅炉两旁或完全装置在它下方。他同意这样的改装可以大为减少机械数量,操作也更可靠一些。
>
> 皮斯也说过,在目前的情况下,不是任何人都可操作的,必须将其简化或修改。蒸汽引擎或任何其他引擎,难免不受震散裂,但这种事件并不是不能由司机好好操作将它减至最低的程度,因此,这不是解决不了的问题,重要的是,操作人员,亦如引擎一样,需训练、需改进。

罗伯特回到纽卡斯尔工厂,乔治则继续留在利物浦奋斗,要将这条铁路完工。父子俩互相通信传达新引擎制造进度,也传递有关引擎制造的新消息。

1828年,是利物浦铁路最艰苦和最耗资的一年,建筑工程艰巨,又要应付反对者,铁委会经费短缺以致需向政府融资10万英镑。政府方面开出的条件之一是必须派一名无派系的外界专家调查研究利物浦铁路实际情况是否值得政府借调财力。这一名专家恰为当日在英国及欧洲均享盛名的道路、桥梁、运河建筑工程师汤麦斯·福尔德。

他已 72 岁，但仍是专业中的佼佼者，他曾任土木工程学院院长，这正好是非学院出身的乔治所认为与他作对的人物之一。此时，乔治正在进行伯明翰与利物浦间的运河连接工作。福尔德先派一名助手前来访问，乔治以外出工作为借口，拒不接见，福尔德只得亲自来访，并与乔治同往巡视工地，对所有情况都感到不满意。

铁委会成员告知乔治必须依照福尔德的建议做适当修正，并且签字同意工程于 1830 年内完成，如此才能获得 10 万英镑的借款。乔治当然也无可奈何，只有默默忍耐。

"火箭号"胜出

1829 年 10 月，利物浦附近的赖布尔举行了一次火车功率比赛。这次比赛可谓举世瞩目，大家将目光都投向乔治父子。

乔治和罗伯特将参加竞赛的机器取名"火箭"。比赛公布之日起，父子二人便立刻展开工作，一个在利物浦一个在纽卡斯尔，利用信件往返讨论每一阶段的进展。

每次罗伯特遇到制作上的问题而感到颓丧时，乔治总是愉快地提出解决的方法。"火箭号"最重要的一项发展为使用多管锅炉，蒸汽机车出力的大小有赖于锅炉内产热面

史蒂芬孙的"火箭号"

积,"火箭号"运用了24根直径3英寸大小的铜管并列直贯全炉两端。此构想之前没人能制作成功,但却奠定了此后百余年中蒸汽机的基础。

"火箭号"的另一个重要制作特点为使用汽管。将汽缸排出的蒸汽导至烟囱,使烟囱空气流通保持压力。

罗伯特制作"火箭号"的同时,乔治完成了利物浦隧道的建设,隧道于1829年夏季开放,吸引了利物浦全市市民前去观看。隧道顶涂成白色,每隔22米悬挂一盏煤气灯,市民花费1先令即可巡视其全长。

8月21日,威廉·赫钦逊是重要参观人员之一,他看到,隧道参观者每天有三千多名。他称赞乔治,钦佩他"领导完成如此巨大的工程"。他还告诉群众也可以前往查特漠斯沼泽地区观赏乔治的另一项大工程。

"火箭号"于9月12日完工，经纽卡斯尔厂拆卸装车陆运到卡莱尔，由驳船运过运河至波内斯，再用船运至利物浦。

原计划有10部机车参赛，至10月8日开赛时，有5部没能及时参加。

在竞赛场前，5部参赛机车漆成5种不同耀目的颜色。各机车在比赛中应完成20次往返，共60公里赛程，重量不得超过13000磅，各车持有记录表。

第一部为伦敦布莱斯怀特·艾立逊工厂制造的"新奇号"，铜绿色，重6080磅。

第二部是达灵顿·赫克华斯工厂制造的"无双号"，黄黑色，重9770磅。

第三部为纽卡斯尔·泰恩区罗伯特·史蒂芬孙厂制造的"火箭号"，黄黑机体，白色烟囱，重9154磅。

第四部是利物浦布兰切斯制造的"环球号"，重6614磅，由马匹运转。

第五部为爱丁堡百士托制的"坚忍号"，红色，重5313磅。

百士托的"坚忍号"不够强悍，在爱丁堡运输途中受损，抵达竞赛场后没能参加试跑就退出了。

"环球号"的参加只是凑热闹，制造人汤麦斯·布兰切斯为利物浦公司方面大股东，是乔治的朋友。"环球号"用马做动力，其方法甚是独特新奇，马匹在车辆平台上方运动如同畜力磨粉机那样带转车轮。

赫克华斯的"无双号"有优良的引擎，但就是不能运转。他本人的工厂设备不全，所有零件都是在其他制造厂定做的。因此，有人谣传其他制造厂有偷工减料故意陷害之嫌。赫克华斯在试车中毛病百出，参加比赛当然不合标准。

真正能与"火箭号"相匹敌的是伦敦布莱斯怀特·艾立逊厂的"新奇号"。支持制作此机车的众人中有曾和乔治争吵过的工程师维格诺。他们在七个星期内将机器赶制完成，因伦敦地区无铁路，所以没有经过试车。此机车外表美观，构造轻巧，最为观众所称道，围观者相当多。

观众有来自国外及本国的工程专家。尤其是美国，曾一再派遣代表来利物浦考察。巴尔的摩·俄亥俄铁路公司派来的工程师代表于 1828 年就进驻竞赛场准备撰写详细的报告。

对乔治而言，这时候是他致力于蒸汽机车研究 15 年来的最重要时刻。

自 1814 年制造"布卢彻号"以来，人们在口头上，在议会里，在知识分子眼中，他从来没有被人视为工程师，但此刻却是他证明自己能力的良机。他满怀兴奋与信心，平日的争论，谁好谁坏，谁行谁不行，今日将做公平的竞争和公开的审判了。假如他失败，人们即使再请他筑铁路，但又有谁会要他的机车呢？

竞赛开始，先开始行驶的是"火箭号"。这部机器庞大有力而且移动迅速，观众在没有其他机器可与之相比的情况下，感到惊异和赞赏。它牵引重达27463磅的装载车以10公里的时速奔驰，负载除去后，速度增至每小时18公里。此引擎最明显的一项缺点是速度上的不平衡，而且只能部分有效消除本身产生的煤烟。

上场的第二辆是布莱斯怀特·艾立逊的"新奇号"，它重量极轻，非常精巧，手工细致，引起了群众的赞美。它的优良性能使人们讶异。它首先展示速度，在仅携载着焦煤和水的情况下，飞射一般以每小时28公里的速度冲出，难以置信地用1分53秒跑了1公里！它跑得平滑均匀，若是以这速度从利物浦到曼彻斯特，1小时便可开到。

后来，开始考察"新奇号"的承重力。给它3倍于体重的负载，但也许是由于水和煤的供给没有到位，"新奇号"竟然在这第二次行程中耽搁了很久，等它准备妥善时，天已经黑了，评审人员只得宣布明天补行试验。

可惜的是，第二天"新奇号"却没能再度表演出它那"如风之翼"。第三天也是如此。直到第一周试驶的最后一天，它才完成一次3公里的行驶，而且再也没有能力做第二次行驶，因为又有别的机件出了故障。"火箭号"却能依照规定的载重来往行驶不停，但群众对"新奇号"的美观极具好感，觉得"火箭号"太大太丑也太脏。

10月13日，星期一，第二周比赛开始。此时，赫克华斯的"无双号"由于不断出现故障，无奈之下只能退出比赛。

"火箭号"却又一再地来回跑了多次，在高度载重下，速度比前一周增加了。乔治并将它做了一次斜面爬坡示范，在装满负载品的情况下，速度高达每小时12公里，比任何其他固定引擎的速率都要快两倍，证明了蒸汽机车比任何动力车都适于利物浦铁路线。

"火箭号"完全符合比赛规定，而且表现得风度优雅，无疑成为参赛机车的最佳引擎。它一口气跑完70公里，没有停顿，没有任何故障，其他参赛的引擎，只能跑一半行程，中途毛病百出还要停顿多次。

无疑，"火箭号"胜出，赢得了最终的比赛。很多看好"新奇号"的组委和商家无可奈何，只有在铁委会所立标准规则内找漏洞，认为"火箭号"是钻这些漏洞才赢得胜利的。

后来，比赛组委会宣布："新奇号"仍然留在利物浦，一旦修好，等它的水泥接头硬化后，将完成它的威力展示，比赛的失败是因为机件故障，并不足以证明这部机器不能完成任务。

世界各地的舆论一直推崇"火箭号"与史蒂芬孙的成就，英国国内各地官方报纸的赞誉也有增无减。消息传至美国后，马萨诸塞州发展局立即表示接纳与欢迎:"我们十分惊异见到英国在蒸汽机车上的发展,使自发动力能应用在铁路上,此项发明将使人民的生活与工商业进入新纪元。"

1830年夏,利物浦—曼彻斯特铁路进行开放前的非公开预驶。正式开放将在3月以后,铁路委会会员和其他企业人士一样,喜欢在正式揭幕前,邀请一些社会名流前来欣赏。成千上万的人列队等候参观这次预驶。

比赛为乔治赢得四部与"火箭号"同型机车的订单。与乔治作对的铁委会董事,却安排董事会订购两部"新奇号",每部造价1000英镑。但可惜的是,"新奇号"这两部机车竟不争气,在以后的试车中一蹶不振地开不动了。

《曼彻斯特导报》挺身而出为乔治辩护,用猛烈言辞痛责与乔治作对的那些人的虚伪。

乔治赢得了胜利,奠定了他的地位和权威。他还赢得了有影响力的人士的支持。

铁委会因为过去几年中怀疑和阻挠了乔治的工作和发展,董事会最后集会讨论决定辞退之前与乔治作对的人,并发表正式声明如下:

本会现在郑重宣布,本会公司工程师乔治优越的技能与不懈的努力使他的成果对国家、社会及本会公司贡献十分突出。

晚年荣光

试车日

铁路开放日期（1830年9月15日）逐渐接近，政界、工商界各重要人物均被邀请参观。试坐预驶已在之前的每星期六下午进行过，以避免开放典礼日太过拥挤，同时也让机车驾驶人有更多练习的机会。

在达灵顿铁路线，运输单一，乔治仅需考虑机车动力供应。乔治还制作了各色旗帜发给引擎操作手等，使其能应用在交换信号上，白色代表"通行"，红色代表"慢行"，紫色代表"停止"。

合适的信号与安全措施是不可或缺的，尤其是当时各处报刊与民意全都担心这新奇快速的机器可能带来重大事故。交通安全与平稳正有待大力宣传。利物浦《水星报》经常刊载去除人民恐惧的文章，担保"火车跑得平稳，茶杯的水不会外泄"，"乘客可以自由自在地阅读写作，与坐在家里的安乐椅上一样舒适"。有一位眼科医生查尔麦斯也公开澄清火车速度影响视力的谣言。查尔麦斯医生很肯定地说火车不会令眼睛产生不适感，并且不影响观赏外面的景物。

接受邀请观礼的重要人物很多，包括威灵顿公爵、皮尔爵士等人。乔治在纽卡斯尔的老友以及伙伴也有多人远道而来。

开幕前两天，利物浦已是拥挤不堪，住宿和餐饮都十分困难。开幕日定在 9 月 15 日，星期三，约 1 万 5 千名群众于开幕 3 小时前就排队等候在机车场前的皇冠街。

火车及其列车共计 8 辆，漆成不同颜色以便乘客选择上车。机车名称、司机及颜色分别如下：

"北恩布瑞安号"——乔治·史蒂芬孙——淡紫色

"凤凰号"——罗伯特·史蒂芬孙（乔治之子）——绿色

"北极星号"——罗伯特·史蒂芬孙（乔治之弟）——黄色

"火箭号"——约瑟夫·洛克——浅蓝色

"标枪号"——索斯·古治——紫色

"彗星号"——威孟·阿卡德——深红色

"飞箭号"——斯万维克——粉红色

"流星号"——安东尼·哈定——棕色

"北恩布瑞安号"车头为火箭型中最新产品，但在纽卡斯尔罗伯特工厂中还有一部更新型的车头在数周内即将交给订户，命名为"行星号"。

乔治亲自驾驶"北恩布瑞安号"，引擎旁并列有两名擎车手。每列车还有一名旗号手及最后一节车厢的护卫工一人。

威灵顿公爵乘坐的车厢为一个特制车厢，车窗悬着金红的窗帘，车厢连在列车中段，由乔治亲驶的"北恩布瑞安号"机车头牵引。同车重要人物包括：格雷爵士、梅尔·波恩爵士、索尔斯伯利伯爵等。8列车的30节车厢中乘坐约有722名要员。

能请到威灵顿公爵来参加开幕典礼十分不易，而威灵顿公爵有勇气来参加也是一件很难得的事，因为北方各省已经不再把他视为第一英雄、国家的救星，而认为他是一个反动派旧式保守党。他反对任何革新，尤其是有关议会的改革。他和保守党内一些革新派的部长、内阁成员间已显露裂痕，有些政坛要人对他的强硬极端不满，部分较温和的保守党员劝说公爵来参加典礼，希望他能和反对他的人和平相处，不要各走极端。当时英国的改革运动已酝酿多时，威灵顿和保守党终于落败，后由格雷出任首相，执行他的 1832 年改革方案。议会需改革，其实并不完全是社会对其不满，主要仍是来自国内的失业和经济不景气的压力。北方人自从 1819

年有过一起残杀事件，保守党政府派兵干涉工厂公开集会而杀害 11 名工人，之后北方人就对保守党特别痛恨。

公爵本人不相信北方人痛恨保守党的这种说法，他认为这不过是少数几个激进分子想挑起工人阶级造反而已，他觉得来参加利物浦铁路开幕典礼十分安全。有人说，威灵顿这次公开在这铁路通车典礼中露面，间接地加速了革新运动。曼彻斯特革新派说："开幕典礼后，议会改革必须立刻进行。"

威灵顿自己不知道，但铁路董事会的人却知道威灵顿当时已经成了不受欢迎的人物。既然他要来，只有尽力加强安全布置，3 公里范围以内遍布警察，所有铁路通过之处的交通要道都必须关闭。安全措施中将公爵乘坐的列车单独行在一条铁轨上，其他 7 列则另行一条铁路，并且每列车要保持 600 米的距离。如果不这样做，祸事就可能发生。

在礼炮声及群众的欢呼声中，乔治的"北恩布瑞安号"一马当先驶离利物浦。

当时有一位乘客描述道：

> 天气不太好，无法预测，但路过之处，广大聚集的群众挤满了铁路两侧，挥帽、招手、欢呼。这欢呼声音和高速的行驶，就像香槟引发的高潮使我如痴如醉，这一趟旅程是我从未享受过的最愉悦的经历。

列车平安地通过山前的高架。桥端看台及桥下观众群聚，欢声雷动，挥舞巾帽致敬。乔治所行的轨道是单独使用的，所以可随心所欲地减速下来，让乘客仔细欣赏附近壮观的工程。公爵曾连称"辉煌""伟大"。另一轨道上 7 辆列车暂停于高架桥一端，等候信号手出示白旗通过。

列车行经距利物浦 17 公里时，预计需在此暂停加水，并借此让公爵等一行人有机会欣赏其他 7 辆列车通过时的壮观阵容。

公爵的车加好水后，仍旧等待其他车。"凤凰号"及"北极星"号两列车相继通过，大家赞叹不已。第三辆列车似有点延误落后，公爵车上有人利用等候的时间下车活动筋骨。下车的人中包括威廉·赫奇逊。这种下车行为是不合规则的，所有乘客均被口头及书面通知不得因任何缘故随意上下车。赫奇逊站在两铁路轨道的间隔处与朋友讨论所见景象，公爵从车辆角落座位上瞥见赫奇逊，彼此相互点头挥手。保守党人士目睹这种情景，也都希望二人和好，公爵推开窗门，倚窗伸手与赫奇逊握手。

正当开始谈话之际，第三辆列车已到即将从第二轨道穿过。有人警觉性高，立即爬上原车厢，其他乘客部分爬上车厢，部分逃到轨道另一侧，赫奇逊却未能爬入车厢，也没有逃到轨道另一侧，他迟疑了一下，因为失去平衡而跌倒，第三辆列车正巧就是"火箭号",碾过了他的大腿。

如果两轨道间的距离略宽,赫奇逊就可能逃脱灾难,但当时,乔治本人决定两轨道间的间隔和轨道内宽度同为 4 英尺 8 寸半。原理是:如轨道间隔太大,负载会在高峰时间转向当中。

赫奇逊当时没有立即死去,事情发生后,一片惊叫声,大家都不知如何处理。只有乔治,立刻采取行动,他将其他车厢卸下,仅牵引一节车厢,以最快速度行驶将赫奇逊送到曼彻斯特就医,同时车上也有两名医生用手帕将他的伤处临时包住。不幸的是,赫奇逊当晚在艾克尔斯一个教区牧师家口授遗嘱后去世。出事现场 7 辆列车停了下来,经过一个多小时的讨论,皮尔爵士认为典礼应立即停止,所有人都准备回家,但曼彻斯特的主持人员不同意,因曼彻斯特城已准备好盛大欢迎仪式。威灵顿公爵认为应继续进行,因此典礼仍继续进行,只是全盘行程与时间表等早已经混乱不堪。火车重新衔接车厢,费了不少时间。

曼彻斯特有民众发生暴乱的情况。当局请求派军队来协助警察维持秩序,民众们等得太久,情绪不安。当火车抵达终点时,民众蜂拥进入线内迫使公爵和他的长列车队缓慢得像爬行似的进入市内。疯狂的民众摩拳擦掌,摇旗呐喊,丢掷纸团杂物。

威灵顿公爵十分明智,端坐车厢内不动声色。车进站后他仍拒绝下车，仅拥吻少数善意来迎的孩童，直到列车调整完毕开始驶回利物浦，他才松了一口气。

除了赫奇逊的意外事件外，这一天的试车算是相当成功，但威灵顿公爵对铁路交通仍无好感。不过，在群众和历史学家心中，他们把这一天作为铁路交通纪元的新起点。

声名远扬

利物浦与曼彻斯特铁路交通的成功，在此后 20 年中，不仅英国，包括欧洲、美洲各国，均奋起直追。最艰难的铁路有待建设，最强大有力的车头有待制造，价值数百万英镑的铁路计划方案有待设计推行并且有更多的建筑制造蓝图摆在乔治面前，他最艰苦的日子已经过去。1830 年以后，铁路已成为社会交通工具，是社会全体所关注的公共事业。

达灵顿铁路是小型工业性的铁路，而利物浦铁路的开放则是全盘商业化的，它公开推广，并由纪念品制造业加以宣扬，推动工商文化发展，蔚然成风。

利物浦铁路的开放也不只在商业方面，在纯艺术上也因这种工业革命的建设而掀起新浪潮。例如百瑞的水彩画、阿克门的雕刻、理查逊及阿瑟太特的油画，景物都以铁路、机车、桥梁、隧道工厂、库房等做主题及背景，深深激发了青年人对工程师及工程事业的向往，使他们纷纷走向工程事业道路。

在文学方面，维多利亚时代的狄更斯、温华斯等人的著作中都有铁路工程片段的描述。当他们初次看见这个机车的时候，觉察一种新革命的到来，他们都有着"我们生长在没有火车的时代，隶属另一个世界"之感。

利物浦典礼后，车站街道经过清理，开始进入铁路运输新纪元，对驿马车运输事业产生了显著的影响，收费道的 14 辆驿车，从 1830 年 12 月起，减为 12 辆，驿马车行业前途暗淡。11 月起，火车已担负起利物浦至曼彻斯特邮运。12 月后，铁运业务日盛，运费也因此而减低。火车在 3 个半月内载运 7 万人次，1831 年总数为 44.5 万人次。

12 月底，公司宣布运营以来数月内的净收益为 1.5 万英镑。

利物浦铁运第二年即增加棉、煤、家畜运输。5 月间有 49 头爱尔兰猪由利物浦安全运至曼彻斯特，运费每头 6 便士。10 月间有绵羊运输，每只运费 9 便士；然后有牛，以及新鲜蔬菜、粮食等逐渐添列于运输项目内，而爱德华·皮斯的着眼点仅限于穷苦人民，希望他们能够获得廉价输送的日用燃煤而已。农民们之前害怕火车会使他们的鸡不下蛋、牛不孕、蔬菜长不大，如今，铁路却使他们的产品有更大的销路和市场。

乔治早就知道他们的恐惧是没有根据的，但大家都不相信。以后的 10 年中是他有生以来最忙的时间，国内国外的铁路倡导者都来向他请教。其实，乔治本人对铁路发展得如此迅速也大感意外。

乔治终其一生，对铁路工程的兴趣始终不衰。他不甘听任其他工程师，而是自主创造，

史蒂芬孙

其他工程师可能要和他竞争，分划承揽工程，但乔治始终是保持他的权威地位，不论国内国外，倡导者总是首先来向他请教，请他担任工程师或顾问。甚至只要能邀请到乔治的一个学生，他们也相信可得到乔治的支持。乔治已为达灵顿及伦敦的教友派人士赚得巨大的财富。曾经支持乔治的利物浦集团，随着乔治的行动向南移，成为今后 20 年中铁路界最大的财团。

乔治是有求必应，几乎接纳所有的聘约；他并非完全本着钱财的理由，而是不愿看到别人去做，但事后可以看到，

他个人事业的巅峰是在建筑利物浦铁路的时候，此后则应由年轻的工程师去担当了。事实很明显，例如他的儿子罗伯特、他的学生约瑟夫·洛克等，他们在铁路建设上都有一番荣耀和辉煌的功绩。

伯明翰至利物浦—曼彻斯特的连接线，这条铁路的修建方式有多种，乔治被邀参与时，他派他的得意学生约瑟夫·洛克前往勘测一条可行路线，其他竞争者也另测路线，但仅洛克所勘测路线于1833年为议会通过。洛克自然愿意被聘为工程师总管主持修筑事宜，铁委会也有此意，但乔治提出异议，洛克感觉很不高兴，打算退出。铁委会为顾全大局，就分别聘乔治负责铁路南段的修筑，洛克则主管北半段修筑。

学生洛克从乔治那里获得宝贵经验，遇事细心准确，计划有条不紊，并且如期将报告呈报铁委会，而乔治的报告则迟迟没有送到，铁委会曾屡次催促，结果是1835年乔治辞职，全线由洛克任总工程师。

洛克此后继续修建铁路达数千公里，遍及英、法两国，其中巴黎至里昂铁路的筑成，更名盛一时，但从此时起洛克就与乔治集团疏离。他与乔治在工程或专业问题上针锋相对。罗伯特当初是以去南美为借口，避免与父亲发生冲突，后来终以父子之情而再度复合，但洛克则无血缘联系，一去可以不返，一经脱离乔治的统治自是义无反顾。

在彻斯特斐图书馆发现 1832 年 12 月洛克致乔治的一封信，当时彼此间尚无裂隙，字里行间可以看到一个学生对难以相处的老师的谨言态度。

1839 年，兰开夏郡—卡里塞尔铁路修建，乔治建议造一个高度迂曲路线绕过湖山区，沿着莫肯湾及西肯伯兰可以到达终站。他说："这是唯一可行的路线。"结果他没有得到这条铁路的兴建合同，而由约瑟夫·洛克拿去了。洛克成功地运用很陡峭的坡度穿越到达了卡里塞尔。

乔治在利物浦铁路修建以后的主要铁路修建为：德比至利兹线、约克至诺曼顿线、曼彻斯特至利兹线、伯明翰至德比线、施斐德至达勒姆线等。

对事业的兴趣

乔治对事业的兴趣，在利物浦铁路完成后也逐渐增强，他不太在意与他的学生们的竞争。他开始转移到另一个领域，就是他小时候梦寐以求的——成为一个矿主，他的矿厂虽然没有多大规模，但却一样有权有势，控制着数百名矿工的生命财产，就如同泰恩区其他的许多矿主一样。

罗伯特在修建一道铁路挖掘土地之时，发现地底有大片煤层。乔治与利物浦友人约瑟夫·桑德斯在莱锡斯特郡购买了那片地产开始挖煤，虽遇到一些小困难，但开采还算顺利。爱德华·皮斯于1834年写信给乔治，称他为"我历经患难的老朋友乔治"祝贺他在莱锡斯特郡开矿成功，表示深以老友的"幸福与兴盛"为荣。

1831年冬天，由于煤矿及铁路经营亏损，乔治搬离利物浦上议街住宅，搬进附近的奥尔顿大厦，他在此住了7年，并建了一间教堂，但他并不是一直都住在这里，7年中每年至少有3个月的时间是在国内或欧洲巡视。

1836年乔治父子在伦敦公爵街成立办事处，一年后迁至大乔街24号，此后即为史蒂芬孙家族事业的行政中心。在这一年中，议会通过240公里铁路建筑，预算超过500万英镑，均由乔治父子建造。

伦敦办事处成立后，罗伯特全心全意小心经营，所有铁路勘测建筑，力求效率与质量。他于1833年携妻子居住于伦敦当地有名的山庄，搬迁的主要原因是，当年9月他被任命为伦敦—伯明翰铁路总工程师，年薪1500英镑。

罗伯特不到30岁，有些人误认其能力不足，认为其成功多半是由于父亲的支持。事实上这误会很快就消失了，罗伯特的确是独立奋斗从而成为当代英国最伟大的工程师之一的。伦敦—伯明翰铁路是世界上罕见的伟大工程即可证明。达灵顿及利物浦铁路虽在某方面意义重大，但在工程规模及成就上远难与伦敦—伯明翰铁路相比拟。

有人认为 1830 到 1840 年间，许多欧洲国家革命纷起，弄得国家四分五裂，而英国却始终保持统一，其原因是铁路建设事业兴盛使人民无法分心。人人都有工作可做，只要肯出力流汗，经济就繁荣。在社会上，铁路工人的存在固然造成不少令人震惊的事件，但他们呼吸着自由新鲜的空气，自己主宰命运，比工厂的工人赚的钱更多。铁路冲破了障碍，将不同城镇的人连结在一起，打开一个新世界，给人以新视野，给社会每一阶层带来了新机遇。

乔治·史蒂芬孙，从另一个角度来看，铁路的发展也为他带来了另一个改变，在国内外建筑铁路的一片狂热声中，他既是工程师也是矿工厂长，在报纸杂志上，被不断地渲染，他已经成了一个象征。

与布鲁内尔的竞争

乔治在德比郡周边的地方购置了一处名叫达普顿的庄园，从 1838 年迁入后即在此度过他剩余 10 年的晚年生活，他种植花卉，饲养禽畜，打理产业。事实上，在这十年中的前五六年他仍不时往来于英国及欧洲大陆视察铁路工程。他在给朋友的信中曾提及其在 1837 年就已经萌生的想法：

> 我想在两三年内结束事业，腾出较多的时间和朋友们打交道。肯伯南湖之游十分畅快，真希望能留在该处垂钓一个月，但愿下次再去时能有许多朋友一起前往，希望你也一起同行。我准备在西海岸购入 3 万至 4 万亩土地，这计划一定不坏。

乔治此时已有足够的能力实现他的愿望，但购买达普顿庄园仍是本着商业眼光。他在奥尔顿农庄时，一边从事铁路建设，一面计划着设立一个煤铁矿厂。他在挖掘隧道时发现附近煤铁矿藏丰富，而石灰石的采石场也近在咫尺。他邀集三个伙伴合伙经营这个矿业公司，包括利物浦的约瑟夫·桑德斯、新朋友乔治·赫逊。

达普顿庄园及其周围约有 100 亩的私产，原只是乔治租用的许多地产之一，他看到后立即就喜欢上它，决定将家安顿在这里。

这里环境优美，庄园位于一个小山头之上，濒临城市，距城中心不远。

乔治的妹妹蕾莉第一次来看她已成名的哥哥时，最令她惊异的是这庄园窗户之多，她数了一遍，一共有 90 个，比他们以前在华勒姆的一间屋子的家多了 89 个。简直是不可想象，这样大的房子，只有一个女主人居住。当然，现在他雇用了更多的管理人员，其中包括早年在基林沃恩教乔治读书写字的老农夫,乔治让他照料房舍。他向往着儿时的回忆,尽可能地将它们带到这一片美丽的花园里。

乔治的矿业公司也十分发达,他为矿工们修建标准化的居室,每家都有花园,在他建立的彻斯特斐公司所属的矿区,至少就有 1000 户之多。

在达普顿庄园居住期间,乔治两度击败一个叫作布鲁内尔的对手。与洛克间的小争执,乔治并没有放在心上,铁路工程现已完全交给罗伯特处理。这最后两次的挑战全是布鲁内尔针对乔治的见解观念发起的。

布鲁内尔是一位贵族的儿子,与罗伯特是同时代的人,他一直都与乔治为敌。他和罗伯特相似,在工程上很有成就,例如有名的克利夫顿吊桥,是他二十几岁时承建的。布鲁内尔父子和乔治父子相比个性迥异,布鲁内尔父子坦诚,富于幻想而果敢;乔治父子同样富有创造性但却较小心、重实际、手艺精巧,对已经从事发明的事物不轻言放弃,耐心追求发展。布鲁内尔父子总会别出心裁,寻找新事物,将旧有观念尽力排除。罗伯特在许多方面比父亲乔治缺少信心和果断力,即使是他最成功的时期,在给朋友的信上他还这样说:"有时,早晨醒来,我担心着我的声名会像一个蛋壳般破裂。"

过去的百年时间,大多数写作者对布鲁内尔家族的富有冒险性、创造力、魅力的成功多半只是轻描淡写,事实上,布鲁内尔创建的大西方铁路的秀丽雄伟是有口皆碑的。布鲁内尔一开始就怀疑乔治修建铁路的原则。举例说，他认为铁轨枕垫使用木块远比乔治用的石块好，还有更重要的是，他反对乔治将铁轨宽度定为 4.85 英尺的标准。只因为当初基林沃恩的驿车路是这一种宽度，大家就必须跟着做。布鲁内尔在南方修建的铁路却采取近乎 7 英尺的宽轨。

　　大西方铁路于 1838 年开放，用的是特宽轨，所持基本理由是有利于速度。工程技术专家们为这个问题争辩了很久，究竟火车是否能在特宽轨上跑得更快些？布鲁内尔采用的车厢和铁轨一样宽，乔治所采用的车厢则超过轨宽，两者承载量无分别。布鲁内尔的观点是使用较大火车头使强度、速度及安全方面均有所增加。速度确有增加，但是，这必须由车头效率增加而达到目的，这一点促使乔治再次改进了他的机车性能，但他同时也坚持火车速度不可超过每小时 40 公里。

　　大西方铁路使用的第一辆火车头系"北极星"型机车，是纽卡斯尔的罗伯特车厂所造，设计制造者之前曾在罗伯特机车厂担任绘图员。由此可见，布鲁内尔并非盲目否认史蒂芬孙所有的观念。

　　但布鲁内尔的另一个计划却显得有点鲁莽。1845 年，大西方铁路延伸至格鲁西斯特与史蒂芬孙的标准铁路衔接，由于轨宽不同，在狂热声中，争辩的叫嚣产生了。

　　1845 年 8 月一个学会成立，专门来研究解决这一尴尬现象，印发了 6500 张写有问题的传单散发到各有关团体征求他们的意见。各专家们的意见几乎完全一致，赞成使用史蒂芬孙的轨宽制度，而布鲁内尔和"北极星"型机车的设计者却单独使用他们的独特系统。该学会于 1846 年提出报告赞成标准轨宽定为 4.85 英尺，并宣称此后国内公用铁路均需采用此标准。

这无疑又是乔治的一次大胜利，不过，同情布鲁内尔的人士仍不少，他们认为布鲁内尔勇敢而果决地为自己的理想奋斗，能不畏乔治集团在铁路工业中几近垄断的地位而向其挑战，但是，布鲁内尔却也有偏激过火之处，他仍坚决认为他的轨宽更合理。事实上，他的轨宽尺寸也像乔治的一样，只是凭私意而决定的。火车轨宽实在没有一种与生俱来的最适合尺寸，一旦为人所用，便不宜轻易更改。

布鲁内尔另一项新的倡议是气压系统，用以取代使用蒸汽机车铁路运输系统。所谓气压系统，简而言之，它是利用吹气方法而不是用拉力方法将列车在轨道上驱动前进。在铁轨当中装置一大管道，由铁路附近所装置的压气站供气，连至列车管活塞槽使火车前进，经在都柏林铁路线试验通过，并计划用于卡洛登及其他铁路。

罗伯特习以为常地对此新系统仔细研究其各项细节，而乔治则立即予以否定，认为这不过是固定引擎原理的复活，他认为这种新方法只是将原用的绳索链条换成空气链条而已。

　　布鲁内尔倡议将这新系统铁路建于乔治家乡纽卡斯尔至伯威克之间。乔治对这一段铁路的修建向往已久，也急于修筑，使它直接连通至伦敦。乔治于 1836 年就已经将该路测量妥当，由于出现很多原因以至于拖延没有动工，等到与乔治合作的公司答应予以委建时，乔治高兴地接受了承建工程师的职务。

　　布鲁内尔和乔治的两种不同方案终于进入议会，经过不少周折，乔治最终获得修建权。辖区居民及纽卡斯尔工厂800 名工人欢欣庆祝。

　　乔治每次回到纽卡斯尔时都会受到最热烈的欢迎。有一次回到纽卡斯尔时，乔治陪同许多显要客人游览他的故乡，讲解他儿时的生活故事和奋斗经历，感觉无限的辛酸和无比的满足。

晚年兴趣

　　在伦敦，他却没有受到和在纽卡斯尔一样的尊崇。北部到伦敦的铁路是罗伯特修建的，西部到伦敦的铁路是布鲁内尔修建的。乔治和布鲁内尔的争斗也多少影响了他的一些声誉，但在国外，乔治依旧是声名卓著。

乔治早在达灵顿及利物浦铁路兴建之初，就已经被欧美的工程界所关注。法国在 1829 年的第一条铁路里昂至圣埃丁线，使用的两部蒸汽机车就是纽卡斯尔的史蒂芬孙工厂出品的，乔治为此还获得了 12500 法郎的奖金。纽卡斯尔的蒸汽机车也早在 1828 年就输出到美国。

1833 年，罗伯特工厂的机车输出到德国，并由罗伯特派员工指导德国人操作，两年后输出到俄国及其他欧洲国家。其中比利时率先大量使用罗伯特工厂的机车。乔治和罗伯特于 1835 年被比利时国王邀请为上宾，享尽荣耀。当时，乔治已 54 岁，又被西班牙聘请督导马德里铁路的修筑。乔治与一位朋友一同前往，因为那里地形和环境险恶，乔治饱尝艰辛。后因疾病缠身，于是乔治返回达普顿寓所休养，以养花栽植蔬菜为乐。

乔治也从事家畜养殖、试验新饲料和肥料，还参加地区农会与农人交流心得。他经常静观群鸟的生态习性，发明饲养鸡鸭的新方法，使家禽等动物生长发育时间缩短，他发现将禽畜喂饱后置黑暗处能加速其成长。乔治的妻子伊丽莎白热衷于养蜂，她发现在山上饲养不如在山下饲养兴盛，因为蜜蜂在山下觅食后就懒得向上飞行了。

伊丽莎白与乔治结婚 25 年，她在 1845 年乔治去西班牙旅行之前去世，葬于彻斯特斐圣合会教区。泰恩区家乡亲友有时候过来拜访，乔治热情款待，他们离去时乔治还慷慨地赠送礼物。乔治与机械学会人士往来也很频繁，他时常应邀参加演说及宴会。美国著名的文学家爱默生曾经千里迢迢过来拜访，在彻斯特斐会晤乔治。乔治独特的思想使得爱默生对他倍加推崇，返回美国后爱默生说："能横越大西洋和史蒂芬孙先生畅谈实在是深感荣幸！史蒂芬孙先生充满了前所未有的活力。"

后来，更多的显要人物竞相前去拜访，乔治大都婉言拒绝，而后留在家中与机械工程界人士相聚。英国首相罗伯特·皮尔曾经两次邀请乔治会晤，均遭到拒绝。当1845年1月第三次邀请乔治时，乔治欣然前往，说："您如此好意邀请，我实在不能再拒绝。"

参加这次聚会的人都是知名律师及工程界大师。

乔治在自己的住处举行的聚会中，曾经展示他的显微镜，要求宾客从指头上抽出一滴血，用来分析个别血球，讨论他所发现的血球种类（乔治的发现后经医学家证实正确）。乔治继续观察，发现血液种类能够反映出人的个性。他还发现一个人的个性与头部形状也有关联。

乔治对医学极有兴趣，并且认为自己经过多年的观察体会，已经颇有心得了。有一次，一位朋友来信称身体不适，乔治在回信中列下他得病的缘由与治疗方法。

乔治对各方面知识都极富兴趣，并且自认为自己所认知的都很正确。当遭受到布鲁内尔等人的反驳或攻击之时，乔治常常会奋起反击。如今乔治逐渐老去，他虽然不以荣华富贵和名声为炫耀的资本，但对付对手却从不放松。他对很多前来拜访的人，仍然习惯用故乡的风俗接待。他保持着年幼时的天真，与大家同乐，合唱民歌，甚至嬉戏游戏，完全忘记了他的年龄。

巨匠的离去

有一次，一位年轻有为的青年到达普顿庄园来向乔治求教，这位青年戴着一条金链子和一个昂贵的戒指，朴素成习的乔治见到他说："不要戴这些奢侈的装饰品，我从来没有这样做过。如果我也像你这么做的话，绝不会有现在的我。"

机械工程师学会于 1846 年成立，据说，是一群铁路工程人员有感于土木工程师学会的霸道而另行创立的。乔治接受了邀请，成为该会第一任会长。说实话，乔治对土木工程师学会的傲慢一直是深感厌恶，所以当他成为会长之后，就对土木工程师学会进行猛烈攻击。

此外，由于乔治的独特个性，自视过高，有时论调过于偏激，经常引起对手的攻击，甚至有人否认乔治为达灵顿铁路的创始人，认为应归功于爱德华·皮斯。这种说法让乔治怒不可遏，所以他函请伍德出面反驳与澄清。乔治与他的儿子罗伯特有一个最大的不同之处，就是乔治不能容忍，也从不承认受惠于人，自认为纯粹靠自己的努力才有今天的成就。乔治在纽卡斯尔所做的演说，从不提及在他之前以及同时代的洛施、"大联盟"、威廉·詹姆斯等对他有过帮助的人或机构。

虽然乔治引起不少不满的评论，但他仍我行我素地过着很愉快的老年生活。

他感到他已完成了他的梦想，证明了自己是对的，并且已赢得荣誉、财富和信心。

乔治常把自己在花园温室中培植的葡萄和桃子送给朋友。每次他总是说："要把盒子还给我！"这个盒子，其实值不了几个钱，有人认为他吝啬，他在财物上的慷慨多限于对亲属兄弟姊妹，他们差不多终生都得到乔治的关注和

以史蒂芬孙为背景的英镑

照顾。

当世人都跟风投资铁路时，他却不然。1846年4月，铁路股票呈现大涨之势，乔治却忠告一位朋友说："希望你不要在铁路上热衷于投机。据我所知，很多人典当产物聚款去投资，你若这样会毁灭你自己的！"

铁路股票开始下跌时，罗伯特劝乔治卖掉他所握有的一部分。乔治却说："不，我买它时是投资而不是投机，我不会因为别人已失去了狂热而卖掉。"

乔治第三次结婚是在1848年2月。新娘是他的管家艾伦，她是一个农夫的女儿。从乔治给她的一封信中可以看出他们已相爱有一段时间了。

乔治于1848年8月12日中午在他寓所寝室因严重的胸膜炎复发去世，享年67岁。他到西班牙时就感染了这种病。他被葬在圣合会教区，与他的第二任妻子合葬在一起。墓碑上简单地刻着他和妻子的姓名。

据1848年8月18日《德比郡邮报》报道，当时的丧礼十分感人。彻斯特斐全市于午刻时分停业，静静等候仪仗队从达普顿山下来，送葬的人数超过千人，还有从远处专程赶来的人，也参与进了送葬的行列。德比市市长、大主教、议员均参与到行列当中。在送葬仪式上，所有人静默致哀，向乔治·史蒂芬孙致敬。

远道而来追悼的人包括81岁的爱德华·皮斯。他在日记中说：

> 8月16日，星期三。与约翰·迪克逊一起离家赴彻斯特斐参加乔治·史蒂芬孙的葬礼，黄昏时到达。回忆起我们第一次相识及以后合作的场景，我心中疑云重重：人类减少对马匹的奴役，人类在旅行上增加舒适和速度并减少费用，铁路的兴盛对我们的家庭带来的利益究竟是好是坏？我现在无法找到答案。

> 8月17日，星期四。上午到达达普顿乔治寓宅，罗伯特亲切接待。乔治一定不相信我这种说法，我来参加葬礼是出于我和他以及他儿子的友谊，我觉得我应该如此做，但这日子却忧郁和缺乏安慰。

有一家报纸报道，乔治的死因是他想和德比郡公爵竞赛培植珍禽异花，在温室的不洁空气中待得太久。不管是贵族或平民，乔治的好胜个性是，决不能忍受别人比他做得更优异或一样好。

铁路交通的发展，改变了一切。人们的生活已不同于往昔，工作也发生了变化，对衣、食、住、行等方面都有巨大的影响。

有了铁路，人们不一定需要居住在城市，新鲜的蔬菜水果可以从数百公里外运来，纵横贯线便利旅游，亲朋好友相聚变得容易。除了经济与社会效益外，铁路带来的其他直接与间接的效益也是数不胜数，而当今，更有汽车、飞机、电视、卫星等交通、通信工具，使得"天涯若比邻"，但火车的出现，无疑为人类交通史上画下了最具历史意义的浓重一笔。